关务通·新疑难解惑系列

企业管理与稽查百问百答

"关务通·新疑难解惑系列"编委会 ◎ 编

中国海关出版社有限公司

中国·北京

图书在版编目（CIP）数据

企业管理与稽查百问百答／"关务通·新疑难解惑系列"编委会编．－－北京：中国海关出版社有限公司，2024.6

（关务通．新疑难解惑系列；1）

ISBN 978-7-5175-0753-6

Ⅰ.①企… Ⅱ.①关… Ⅲ.①进出口贸易—企业管理—中国—问题解答②进出口贸易—海关—业务—中国—问题解答 Ⅳ.①F752-44

中国国家版本馆 CIP 数据核字（2024）第 039127 号

企业管理与稽查百问百答
QIYE GUANLI YU JICHA BAI WEN BAI DA

作　　者：	"关务通·新疑难解惑系列"编委会
策划编辑：	刘　婧
责任编辑：	刘　婧
责任印制：	王怡莎
出版发行：	中国海关出版社有限公司
社　　址：	北京市朝阳区东四环南路甲1号　　邮政编码：100023
编 辑 部：	01065194242-7544（电话）
发 行 部：	01065194221/4238/4246/4254/5127（电话）
社办书店：	01065195616（电话）
	https://weidian.com/?userid=319526934（网址）
印　　刷：	廊坊一二〇六印刷厂　　经　销：新华书店
开　　本：	880mm×1230mm　1/32
印　　张：	5.5　　字　数：148 千字
版　　次：	2024 年 6 月第 1 版
印　　次：	2024 年 6 月第 1 次印刷
书　　号：	ISBN 978-7-5175-0753-6
定　　价：	45.00 元

海关版图书，版权所有，侵权必究
海关版图书，印装错误可随时退换

前　言

为便于关务人员快速查询、获取相关业务知识，"关务通·新疑难解惑系列"编委会组织编写了"关务通·新疑难解惑系列"丛书。"关务通"系列丛书于2011—2016年陆续出版，因其设计风格独特和内容全面实用深受广人读者的好评，作为"关务通系列"的延续，希望"关务通·新疑难解惑系列"能够为读者提供更好的使用体验。

本丛书编写人员长期从事政策解答、业务咨询工作，广泛收集了企业在通关过程中的常见及热点问题，并从中选取企业关心、具有代表性的实务问题，通过对这些问题的梳理和分类，聚焦通关监管、企业管理与稽查、检验检疫、关税征管、加工贸易保税监管、个人行邮监管六个方面，分册编写。

"快速查询、快速解决"是本丛书编写的目标。各分册具体包括问、答、文件依据三部分，力求问题简单明晰，回答重点突出。为帮助读者在解决问题的同时，能对应了解相关政策，本丛书各分册还特增加附录，以涵盖部分重点法律法规。

各分册所列问答的具体数量根据实际情况而定，未作统一。因时间仓促，水平有限，不足之处还请各位读者见谅并指正。

"关务通·新疑难解惑系列"编委会
2024年4月

目　录

百问百答 ··· 1

1. 什么是报关单位？ ·· 1
2. 进出口货物收发货人市场主体类型有哪些？ ··························· 1
3. 企业如何向海关申请报关单位备案登记？ ······························· 2
4. 如何查询报关单位备案审批结果？ ··· 2
5. 如何在"单一窗口"打印报关单位备案证明？ ······························· 3
6. 企业办理临时备案应当向哪里申请？临时备案有效期多长？ ··· 3
7. 企业母公司已在海关备案为进出口货物收发货人，子公司需要单独在海关备案吗？在哪个海关备案？ ·· 3
8. 企业母公司在海关办理过报关单位备案登记手续，子公司没有独立的营业执照，子公司可以办理出口业务吗？ ························ 4
9. 进出口货物收发货人在海关办理备案登记后可以在什么范围内办理货物进出口业务？ ··· 4
10. 企业于2007年申请了备案登记，但未进行相关进出口业务，若现在准备开展出口业务，需要办理哪些手续？ ······················ 4
11. 在哪里可以查询本企业在海关备案登记的完整信息？ ··········· 5
12. 企业如何变更海关备案信息？ ··· 5
13. 报关单位如何办理注销？ ··· 5
14. 哪些企业需报送《企业信用信息年度报告》（简称海关年报）？当年备案登记的企业是否也需报送？ ······························ 6
15. 企业未按时报送海关年报，怎么办？ ··································· 6

16. 如何查询海关年报报送状态？ ·· 7
17. 海关年报报送后仍显示未报送，如何操作？ ················ 7
18. 海关年报填报事项的填写规则是什么？ ······················ 7
19. 海关年报补报时，"年报年度"字段是灰色的，是什么原因？ ··· 10
20. 海关如何计算报关差错率？ ·· 10
21. 海关是否还组织报关员资格全国统一考试？ ············· 11
22. 如何办理报关员注册登记手续？ ······························· 11
23. 企业聘请人员从事报关业务，应当办理哪些手续？提交什么资料办理？ ·· 11
24. 新设立企业如何申请特殊监管区域双重身份？ ········ 12
25. 已备案成为进出口货物收发货人或报关企业的，如何申请特殊监管区域双重身份？ ·· 12
26. 在企业资质系统做海关资质备案，经营类别里找不到"特殊监管区域双重身份企业"选项应如何操作？ ············· 12
27. 特殊监管区域双重身份企业可以开展哪些报关业务？ ···· 13
28. 企业之前备案的经营类别是"特殊监管区域双重身份企业"，企业做了变更，需要打印《报关单位备案证明》，但发现系统上没有这个按钮，什么原因？ ·································· 13
29. 在报关时提示经营单位超期或被布控是什么原因？ ······ 14
30. 报关有效期是怎么界定的？ ····································· 14
31. 企业的哪些信息变更会影响海关编码？ ·················· 14
32. 哪些情形海关不接受企业年报申报，需重新办理企业备案或报关企业备案？ ·· 14
33. 海关年报补报内容中"企业网址"的填写要求是什么？ ···· 15
34. 企业海关注册编码结构组成的含义是什么？ ·········· 15
35. 向海关申请设立免税商店应提交哪些材料？流程大概是什么？ ··· 16
36. 中药材出境生产企业申请注册登记应向海关提交哪些材料？ ··· 17

| 目 录 | 3 |

37. 出口茶叶原料种植场备案申请材料有哪些？ ······ 17
38. 出口食品生产企业申请境外注册应当具备什么条件？ ····· 18
39. 出口食品生产企业备案的申请条件有哪些？ ······ 19
40. 出口食品生产企业如何申请境外注册？应提供哪些申请材料？ 20
41. 承运海关监管货物的车辆，应当具备哪些资格条件？ ······ 21
42. 出口食品生产企业提交境外注册申请后，如何获知是否被境外国家（地区）批准注册？ ······ 22
43. 水果进口企业需要做进口食品进口商备案吗？ ······ 22
44. 是否存在出口食品生产企业需先接受境外国家（地区）官方检查才能获得注册的情形？ ······ 22
45. 已获境外注册企业信息发生变化的，应如何办理？ ······ 23
46. 某公司变更了境外注册中的生产场所，是否需要到中国海关办理变更手续？ ······ 23
47. 已获境外注册的出口食品生产企业有哪些情形，由海关总署撤回向进口国家（地区）主管当局的注册推荐？ ······ 24
48. 食品境外生产企业注册申请书内容包括哪些？ ······ 24
49. 出口蔬菜备案种植场怎样在海关备案？ ······ 25
50. 申请备案出口食品原料种植场，海关办理时限是多长？ ···· 26
51. 从什么时候开始取消进口肉类收货人、进口化妆品境内收货人备案？ ······ 26
52. 什么是涉税要素申报规范？ ······ 26
53. 什么是经认证的经营者（AEO）？ ······ 27
54. 新《海关高级认证企业标准》对组织架构是否有要求？ ····· 27
55. 高级认证企业的网上办理流程是什么？ ······ 27
56. 《海关高级认证企业标准》（通用标准）中财务状况标准是什么？ ······ 28
57. 某企业去年已成为高级认证企业，今年需向海关提交会计事

务所的审计报告吗？ ·· 28
58.海关对新申请高级认证企业的涉税要素申报规范标准是否达
　　标进行认定的情形有哪些？ ·· 29
59.海关对企业实施怎样的管理措施？ ·· 29
60.企业申请高级认证企业时，海关是否要对所有的通用标准和
　　单项标准进行认证？ ·· 30
61.企业对海关拟认定失信企业决定提出陈述、申辩的，应当在
　　收到书面告知之日起多长时间内向海关书面提出？ ············· 31
62.未被列入严重失信主体名单的失信企业纠正失信行为，消除
　　不良影响，需要符合什么条件可以向海关申请信用修复？ ··· 31
63.经审核符合信用修复条件的，海关应当自收到企业信用修复
　　申请之日起多长时间内作出准予信用修复决定？ ··············· 32
64.高级认证企业适用哪些管理措施？ ·· 32
65.企业有哪些情形，海关认定为失信企业？ ······························ 33
66.企业有哪些情形，在1年内不得提出高级认证企业认证
　　申请？ ··· 34
67.企业申请成为高级认证企业的，需要向海关提交书面申请及
　　材料吗？ ··· 35
68.申请高级认证企业委托社会中介机构出具的专业结论，可以
　　作为海关认证、复核的参考依据吗？ ································· 35
69.高级认证企业证书、未通过认证决定书送达申请人后多长时
　　间生效？ ··· 36
70.海关会赴申请高级认证的企业进行实地认证吗？ ············· 36
71.企业申请高级认证，海关应当自收到申请资料之日起多长时
　　间内进行认证并作出决定？ ··· 36
72.若企业对海关公示的信用信息有质疑，可以向海关提出异
　　议吗？ ··· 37

73. 若企业对海关公示的信用信息有质疑，已向海关提出异议申请，海关需要在多长时间内进行复核？ …… 37
74. 高级认证企业应当符合哪些标准？ …… 37
75. 失信企业适用哪些管理措施？ …… 38
76. 收发货人是否会受到报关单申报单位信用等级影响？ …… 38
77. 海关多长时间会对高级认证企业重新复核一次？ …… 39
78. 企业存在哪些情形，海关会依照法律、行政法规等有关规定实施联合惩戒失信企业，将其列入严重失信主体名单？ …… 39
79. 在海关注册的企业办理上市、再融资、重大资产重组等业务时，是否可以向海关申请办理信用状况证明？ …… 39
80. 海关会公示企业的哪些信用信息？ …… 40
81. 企业主动披露且被海关处以警告或者海关总署规定数额以下罚款的行为，是否会作为海关认定企业信用状况的记录？ …… 40
82. 企业信用状况认定依据的处罚金额如何计算？ …… 41
83. 未按规定报送海关年报事项的企业，对企业信用状况会有什么影响？ …… 41
84. 如何查询企业在海关的信用级别？ …… 41
85. 什么是海关稽查？ …… 42
86. 海关在稽查过程中查封了某公司的账和货物，有相关依据吗？ …… 42
87. 实施稽查时，向商业银行或者其他金融机构查询被稽查人的存款账户是否需要经直属海关关长或者其授权的隶属海关关长批准？ …… 43
88. 是否可以不经事先通知实施稽查？ …… 43
89. 海关发现被稽查人未按照规定设置或者编制账簿的，是否应当将有关情况通报被稽查人所在地的人民政府财政部门？ …… 43
90. 被稽查人注册地与货物报关地或者进出口地不一致的，稽查管辖地应是哪里？ …… 44

91. 进出境运输工具属于海关稽查查封、扣押对象吗？……………… 44
92. 企业已经收到《海关稽查通知书》，并且海关已经开始稽查，但企业在自查的过程中，发现还存在稽查通知书所列内容之外的其他违反海关规定的情形，此时还能主动披露、享受相应政策吗？………………………………………………………… 45
93. 某公司是加工贸易企业，刚收到主管海关的《海关稽查通知书》，这表明该公司在加工贸易过程中违法了吗？……………… 45
94. 经海关稽查，发现税款少征或者漏征的，海关会如何处理？… 45
95. 海关根据什么因素来确定稽查重点？……………………………… 46
96. 海关稽查的对象有哪些？…………………………………………… 46
97. 海关对与进出口货物直接有关的企业、单位的哪些活动进行稽查？………………………………………………………………… 47
98. 海关稽查中进行贸易调查的形式和内容有哪些？……………… 47
99. 企业拒绝签收《海关稽查通知书》，海关会如何处置？………… 48
100. 主动披露事项的税款滞纳金能申请减免吗？…………………… 49
101. 高级认证企业主动披露涉税违规，海关调查期间企业信用级别是否会受影响？……………………………………………… 49
102. 企业向海关主动披露涉税违规行为应提供哪些材料？………… 49
103. 进出口企业主动披露涉税违规行为，是否可以免予行政处罚？………………………………………………………………… 50
104. 企业主动披露涉税违规行为的途径有哪些？…………………… 51
105. 海关向报关单位开具的《责令改正通知书》需要盖章吗？…… 52

附　录 …………………………………………………………………… 53

中华人民共和国海关报关单位备案管理规定 …………………… 53
关于进一步明确报关单位备案有关事宜的公告 ………………… 56

关于进一步优化报关单位登记管理有关事项的公告……………… 59
关于实施年报"多报合一"改革的公告……………………………… 60
中华人民共和国海关对免税商店及免税品监管办法……………… 62
进出境中药材检疫监督管理办法…………………………………… 69
关于发布《出口食品生产企业申请境外注册管理办法》的公告… 80
出口食品生产企业申请境外注册管理办法………………………… 80
关于公布《海关高级认证企业标准》涉税要素申报规范认定
标准的公告…………………………………………………………… 84
中华人民共和国进出口食品安全管理办法………………………… 86
中华人民共和国进口食品境外生产企业注册管理规定…………… 102
中华人民共和国海关注册登记和备案企业信用管理办法………… 109
关于公布《海关高级认证企业标准》的公告……………………… 118
中华人民共和国海关稽查条例……………………………………… 146
《中华人民共和国海关稽查条例》实施办法 ……………………… 152
关于处理主动披露违规行为有关事项的公告……………………… 159

百问百答

1. 什么是报关单位？

答："报关单位"是指按照《中华人民共和国海关报关单位备案管理规定》在海关备案的进出口货物收发货人、报关企业。

文件依据：《中华人民共和国海关报关单位备案管理规定》（海关总署令第253号）。

2. 进出口货物收发货人市场主体类型有哪些？

答：进出口货物收发货人应当为以下市场主体类型：

（一）公司、非公司企业法人；

（二）个人独资企业、合伙企业；

（三）农民专业合作社（联合社）；

（四）个体工商户；

（五）外国公司分支机构；

（六）法律、行政法规规定的其他市场主体。

文件依据：《关于进一步明确报关单位备案有关事宜的公告》（海关总署公告2022年第113号）。

3. 企业如何向海关申请报关单位备案登记？

答：报关单位备案已在全国范围内实现全程无纸化网上办理，申请人可在全国任一地点登录中国国际贸易单一窗口（http://www.singlewindow.cn，简称"单一窗口"）或"互联网+海关"一体化平台（http://online.customs.gov.cn）向所在地海关提交备案申请。

"单一窗口"操作路径：业务应用—口岸执法申报—企业资质—资质备案—备案申请。

"互联网+海关"一体化平台操作路径：企业管理和稽查—选择对应模块办理。

企业通过上述线上方式向海关提出申请并上传加盖申请人印章的《报关单位备案信息表》，无须线下再递交材料。

4. 如何查询报关单位备案审批结果？

答：方式一：企业登录"中国海关企业进出口信用信息公示平台"，在搜索框内输入本企业名称或统一社会信用代码，点击"搜索"。若出现本企业信息，则备案已通过；若暂未出现，则备案未完成或公示数据存在延迟推送。企业可联系备案地海关了解情况。

方式二：企业登录"单一窗口"。操作路径：业务应用—口岸执法申报—企业资质—资质备案—综合查询—申请单查询。

5. 如何在"单一窗口"打印报关单位备案证明？

答：登录"单一窗口"。操作路径：业务应用—口岸执法申报—企业资质—资质备案—证书管理，点击左上角"备案证明"按钮，即可申请备案证明，当申请状态为海关入库成功时，操作栏"下载"按钮放开，可点击自行下载。

6. 企业办理临时备案应当向哪里申请？临时备案有效期多长？

答：办理临时备案的，应当向所在地海关提交《报关单位备案信息表》，并随附主体资格证明材料、非贸易性进出口活动证明材料。临时备案有效期为1年，届满后可以重新申请备案。

文件依据：《中华人民共和国海关报关单位备案管理规定》（海关总署令第253号）。

7. 企业母公司已在海关备案为进出口货物收发货人，子公司需要单独在海关备案吗？在哪个海关备案？

答：进出口货物收发货人、报关企业申请备案的，应当取得市场主体资格。问题所述子公司属于单独法人企业，若开展进出口业务，需要向所在地海关进行备案。具体事项可以咨询企业所在地海关。

文件依据：《中华人民共和国海关报关单位备案管理规定》(海关总署令第253号)。

8. 企业母公司在海关办理过报关单位备案登记手续，子公司没有独立的营业执照，子公司可以办理出口业务吗？

答：可以办理进出口业务。报关企业或进出口货物收发货人及其在海关备案的分支机构可以在全国办理进出口报关业务。

文件依据：《关于进一步优化报关单位登记管理有关事项的公告》(海关总署公告2018年第191号)。

9. 进出口货物收发货人在海关办理备案登记后可以在什么范围内办理货物进出口业务？

答：报关单位可以在中华人民共和国关境内办理报关业务。

文件依据：《中华人民共和国海关报关单位备案管理规定》(海关总署令第253号)。

10. 企业于2007年申请了备案登记，但未进行相关进出口业务，若现在准备开展出口业务，需要办理哪些手续？

答：根据相关文件规定，备案有效期在2014年3月12日及以前的，进出口货物收发货人应当到海关重新办理备案登记手续；备案有效期在2014年3月13日及以后的，证书继续有效，并且备案有效期自动延续为长期。

11. 在哪里可以查询本企业在海关备案登记的完整信息？

答：企业可以使用卡介质登录"单一窗口"，操作路径：企业资质子系统—资质备案—综合查询—备案信息查询—查询本企业在海关的备案登记信息。

12. 企业如何变更海关备案信息？

答：报关单位名称、市场主体类型、住所（主要经营场所）、法定代表人（负责人）、报关人员等在《报关单位备案信息表》中载明的信息发生变更的，报关单位应当自变更之日起30日内向所在地海关申请变更。报关单位因迁址或者其他原因造成所在地海关发生变更的，应当向变更后的海关申请变更。企业可以登录"单一窗口"提交变更申请，也可以直接到所在地海关现场办理。

文件依据：《中华人民共和国海关报关单位备案管理规定》（海关总署令第253号）。

13. 报关单位如何办理注销？

答：注销便利化办理模式：办理工商注销的企业，在工商企业注销便利化系统或平台中，可一并申请海关注销。

"单一窗口"办理模式：通过"单一窗口"—业务应用—口岸执法申报—企业资质—资质备案—注销申请，账号登录或卡介质登录发送注销申请。

现场办理模式：可直接向所在地海关提交进出口货物收发货人注销书面申请，以及与注销相关的批准材料或证明文件（原件及复印件）办理。

14. 哪些企业需报送《企业信用信息年度报告》（简称海关年报）？当年备案登记的企业是否也需报送？

答：根据相关文件规定，在海关备案登记的报关单位（进出口货物收发货人、报关企业，含个体工商户、农民专业合作社）应当于每年1月1日至6月30日通过企业信用信息管理系统向海关提交《企业信用信息年度报告》。当年备案登记的企业，自下一年度起向海关提交《企业信用信息年度报告》。

15. 企业未按时报送海关年报，怎么办？

答：海关已推出年报补报功能，企业可以通过"单一窗口"—业务应用—口岸执法申报—企业信用—卡介质登录，左侧点击企业年报管理—年报补报。使用法人卡、操作员卡均可以登录。

16. 如何查询海关年报报送状态？

答：企业可以在通过"国家企业信用信息公示系统"完成海关年报报送之日起7日后，登录"中国海关企业进出口信用信息公示平台"，查询海关接收企业年报的状态。

文件依据：《关于实施年报"多报合一"改革的公告》（国家市场监督管理总局　海关总署公告2018年第9号）。

17. 海关年报报送后仍显示未报送，如何操作？

答：已通过"国家企业信用信息公示系统"的"多报合一"功能正常报送海关年报，但在"中国海关企业进出口信用信息公示平台"仍显示"未报送"的，可能是因数据传输滞后导致的。到7月1日后仍显示"未报送"的，可在"单一窗口"补报海关年报信息。

文件依据：《关于实施年报"多报合一"改革的公告》（国家市场监督管理总局　海关总署公告2018年第9号）。

18. 海关年报填报事项的填写规则是什么？

答：01.企业英文名称：可参照企业原《对外贸易经营者备案登记表》上的"经营者英文名称"或"企业名称（英文）"或《国际货运代理企业备案表》上的"企业英文名称"进行填

写，也可根据实际情况填写。

02.企业英文地址：可参照企业《对外贸易经营者备案登记表》上的"经营场所（英文）"或《国际货运代理企业备案表》上的"经营场所（英文）"进行填写，也可根据实际情况填写。

03.跨境贸易电子商务企业类型：根据企业情况勾选"电子商务企业""电子商务交易平台""物流企业""支付企业""监管场所运营人"，可同时勾选多项；非跨境贸易电子商务企业勾选"非跨境贸易电子商务企业"。

04.开户银行和开户账号：填写银行《开户许可证》上的基本存款账户"开户银行""账号"（若不清楚，可咨询企业财务人员）。

05.特殊贸易区域：位于自贸区内的企业根据企业或组织机构所在地在所列选项中选择；自贸区外的企业填写"非特殊区域"。

06.经济区划：根据企业在工商登记的住所所在地，在"经济区划"对照表中选择填写企业所属经济区划。企业住所所在地不属于任何经济区划的，在对照表中选择"一般经济区域"。

07.关务负责人：填写本单位负责海关事务的高级管理人员姓名。身份证件类型，填写居民身份证、护照等类型；身份证件号码，填写相应证件上记载的号码；固定电话，没有分机号码的按照××××-××××××××的格式填写，有分机号码的按照××××-××××××××-×××的格式填写；电子邮箱，没有的可以填"无"。

08.海关业务联系人：填写本单位负责海关业务的联系人姓名。固定电话，没有分机号码的按照××××-××××××××的格式填写，有分机号码的按照××××-××××××××-×××的格式填写；传真和电子邮箱，没有的可以填"无"。

09.经营场所性质：根据企业情况勾选"自有""租赁""借用"或"其他"。

10.是否上市公司：根据企业情况勾选"是"或"否"。

11.是否实行会计电算化：根据企业情况勾选"是"或"否"。实行会计电算化的必须填写"财务管理软件"名称（若不清楚，可咨询企业财务人员）。

12.记账方式：根据企业情况勾选"自理记账"或"委托代理记账"。委托代理记账的必须填写"委托代理记账单位名称""委托代理记账单位统一社会信用代码""委托代理记账单位地址""委托代理记账单位联系人""委托代理记账单位联系电话"（若不清楚，可咨询企业财务人员）。

13.补充经营信息：单位为万元人民币，具体到小数点后两位。"存货""流动负债""流动资产""年初所有者权益"取自资产负债表科目；"经营现金净流量"取自现金流量表；"营业利润"取自利润表科目；"最近三年是否连续亏损"根据实际情况勾选"是"或"否"（若不清楚，可咨询企业财务人员）。

14.企业自律管理情况:"年度内是否开展内外部审计"根据实际情况勾选"内审"或"外审"。该项目主要是对海关认证企业的要求,对非海关认证企业没有强制性要求(若企业没有开展内审和外审,该项目可填"无")。勾选"外审"的必须填写"审计执行机构名称""审计期间",审计期间按照"20××年××月—20××年××月"格式填写。开展多次审计的,可添加多条。发现存在违反海关管理规定问题的,需在"具体问题"栏列明具体问题;没有开展内外部审计及没有具体问题的,"具体问题"栏可以填"无"。

19. 海关年报补报时,"年报年度"字段是灰色的,是什么原因?

答:这是正常情况,"年报年度"字段是在暂存成功后系统反填出来的。例如,企业在2021年补报2020年度的年报时,暂存后该项自动反填为2020年度。

20. 海关如何计算报关差错率?

答:根据相关文件规定,报关差错率是指报关单位被记录报关差错的总次数除以同期申报总次数的百分比。

21. 海关是否还组织报关员资格全国统一考试？

答：自2014年起海关不再组织报关员资格全国统一考试，取消报关员资格核准审批，对报关人员从业不再设置门槛和准入条件，报关从业人员由企业自主聘用。

文件依据：《关于改革报关员资格管理制度的公告》（海关总署公告2013年第54号）。

22. 如何办理报关员注册登记手续？

答：根据相关文件规定，取消了报关员的注册登记，改为以报关单位名义对其所属从业人员进行备案。具体参照报关人员备案程序办理。

23. 企业聘请人员从事报关业务，应当办理哪些手续？提交什么资料办理？

答：报关单位申请备案时，应当向海关提交《报关单位备案信息表》（见海关总署令第253号附件）。办理报关单位备案、备案信息变更、注销时同时备案所属报关人员的到岗、变更、离职备案的，应一并填写报关人员相关信息，否则可不填写。

文件依据：《中华人民共和国海关报关单位备案管理规定》（海关总署令第253号）。

24. 新设立企业如何申请特殊监管区域双重身份？

答：新设立企业可以分别申请备案成为进出口货物收发货人和报关企业，先申请办理进出口货物收发货人或报关企业备案后，再申请另一种备案。海关核发不同类型的海关备案编码。

文件依据：《中华人民共和国海关报关单位备案管理规定》（海关总署令第253号）。

25. 已备案成为进出口货物收发货人或报关企业的，如何申请特殊监管区域双重身份？

答：只需在申请报关企业或进出口货物收发货人备案时，海关核发相应类型的海关备案编码即可。

文件依据：《中华人民共和国海关报关单位备案管理规定》（海关总署令第253号）。

26. 在企业资质系统做海关资质备案，经营类别里找不到"特殊监管区域双重身份企业"选项应如何操作？

答：自2022年1月1日起，《中华人民共和国海关报关单位备案管理规定》（海关总署令第253号）正式实施，新规取消了一家企业不能同时备案为进出口货物收发货人和报关企业的限制。企业如果备案双重身份，需要同时备案为进出口货物收发货人和报关企业。已经备案为"特殊监管区域双重身份企业"的存量企业不受影响。

文件依据：《中华人民共和国海关报关单位备案管理规定》（海关总署令第253号）。

27. 特殊监管区域双重身份企业可以开展哪些报关业务？

答：根据相关文件规定，特殊监管区域双重身份企业，在区内可以同时开展代理和"自理"报关业务；在区外可以开展代理报关业务，但不得开展"自理"报关业务。特殊监管区域双重身份企业在海关特殊监管区域内拥有进出口货物收发货人和报关企业双重身份，在海关特殊监管区域外仅具报关企业身份。

28. 企业之前备案的经营类别是"特殊监管区域双重身份企业"，企业做了变更，需要打印《报关单位备案证明》，但发现系统上没有这个按钮，什么原因？

答：报关企业及其分支机构，进出口货物收发货人及其分支机构，临时备案单位可以打印《报关单位备案证明》。原特殊监管区域双重身份企业需变更企业经营类别为报关企业或进出口货物收发货人（在海关变更）并经海关审批通过以后，方可打印《报关单位备案证明》。

29. 在报关时提示经营单位超期或被布控是什么原因？

答：企业在报关时系统提示经营单位超期或被布控，可能存在以下原因：报关单位的报关有效期超期，须尽快到主管海关办理备案许可延续；提醒企业有未尽事宜，需要补办或修正后，方可进行正常申报。

30. 报关有效期是怎么界定的？

答：海关年报审核通过后，进出口货物收发货人报关有效期自动延期到第二年的7月31日。

31. 企业的哪些信息变更会影响海关编码？

答：具体包括：企业迁址、地方行政区划变更、海关特殊监管区域变化（经济区划）、企业改制。

32. 哪些情形海关不接受企业年报申报，需重新办理企业备案或报关企业备案？

答：具体包括：企业已注销的；报关企业、报关企业分支机构和双重身份企业报关有效期已超期的；分支机构所属上级单位已注销的。

33. 海关年报补报内容中"企业网址"的填写要求是什么？

答：只有当企业勾选"跨境电商企业类型"后面的任何一项，"企业网址"一项才会变成必填项。未勾选时，则不是必填项，如果没有企业网址，则不需要填任何内容，也不要填"无"。如果有，企业应将复制粘贴的网址截取保留到".com"，然后在"备注"中填入完整网址。

34. 企业海关注册编码结构组成的含义是什么？

答：海关经营单位代码、报关企业代码等统称为"海关注册编码"，适用于在海关注册的进出口货物收发货人、报关企业、报关企业跨关区（或关区内）分支机构、临时注册登记单位、从事对外加工的生产企业、海关保税仓库、出口监管仓库等行政管理相对人。海关注册编码由数字和24位英文大写字母（I与O除外，下同）组成，采用5层10位层次码结构，按层次分别表示企业的行政区划、经济区划、经济类型、海关经营类别和流水号。其中，各层次含义和属性如下。

（一）第一层为第1~4位，是企业注册地的行政区划代码，由4位数字组成。其中，前2位表示省、自治区或直辖市，后2位表示省、自治区或直辖市所辖的市、地区、自治州、盟或所辖的县级行政区划。

（二）第二层为第5位，是企业注册地的经济区划代码，由

1位数字或特定英文大写字母组成,表示企业所在的经济特区、开发区等经济区域或保税区、保税物流中心等海关特殊监管区域、特定海关保税监管场所以及其他区域。

(三)第三层为第6位,是企业的经济类型代码,由1位数字或特定英文大写字母组成,表示企业的所有制类型(报关企业和临时注册登记单位除外)。

(四)第四层为第7位,是企业注册用的海关经营类别代码,由1位数字或特定英文大写字母组成,表示海关行政管理相对人的类别。

(五)第五层为第8~10位,是流水号,由数字和英文大写字母组成。

35. 向海关申请设立免税商店应提交哪些材料?流程大概是什么?

答:"免税商店"是指经国务院有关部门批准设立,经海关总署批准经营,向规定的对象销售免税品的企业。经营单位经营免税商店,应当向海关总署提出书面申请,并且符合以下条件:

(一)具有独立法人资格;

(二)具备符合海关监管要求的免税品销售场所及免税品监管仓库;

(三)具备符合海关监管要求的计算机管理系统,能够向海关提供免税品出入库、销售等信息;

(四)具备一定的经营规模,申请经营口岸免税商店的,口岸免税商店所在的口岸年进出境人员应当不少于5万人次；

（五）具备包括合作协议、经营模式、法人代表等内容完备的企业章程和完备的内部财务管理制度；

（六）有关法律、行政法规、海关规章规定的其他条件。

海关总署按照《中华人民共和国行政许可法》及《中华人民共和国海关行政许可管理办法》规定的程序和期限办理免税商店经营许可事项。

文件依据：《中华人民共和国海关对免税商店及免税品监管办法》（海关总署令第132号）。

36. 中药材出境生产企业申请注册登记应向海关提交哪些材料？

答：中药材出境生产企业申请注册登记时，应当提交下列材料：

（一）《出境中药材生产企业检疫注册登记申请表》；

（二）厂区平面图，并提供重点区域的照片或者视频资料；

（三）产品加工工艺。

文件依据：《进出境中药材检疫监督管理办法》（国家质量监督检验检疫总局令第169号）。

37. 出口茶叶原料种植场备案申请材料有哪些？

答：所需材料包括：《出口食品原料种植场备案申请表》原件；

种植场平面图原件；要求种植场建立的各项质量安全管理制度原件（包括组织机构、农业投入品管理制度、疫情疫病监测制度、有毒有害物质控制制度、生产和追溯记录制度等）；种植场常用农业化学品清单原件。

可参考"互联网+海关"—办事指南—企业管理和稽查—出口食品原料种植场、养殖场备案—出口食品原料种植场备案。具体可联系种植场所在地主管海关咨询。

38. 出口食品生产企业申请境外注册应当具备什么条件？

答：出口食品生产企业申请境外注册应当具备下列条件：

（一）已完成出口食品生产企业备案手续；

（二）建立完善可追溯的食品安全卫生控制体系，保证食品安全卫生控制体系有效运行，确保出口食品生产、加工、贮存过程持续符合中国相关法律法规、出口食品生产企业安全卫生要求；

（三）进口国家（地区）相关法律法规和相关国际条约、协定有特殊要求的，还应当符合相关要求；

（四）切实履行企业主体责任，诚信自律、规范经营，且信用状况为非海关失信企业；

（五）一年内未因企业自身安全卫生方面的问题被进口国家（地区）主管当局通报。

文件依据：《关于发布〈出口食品生产企业申请境外注册管理办法〉的公告》（海关总署公告2021年第87号）。

39. 出口食品生产企业备案的申请条件有哪些？

答：出口食品生产企业应当保证其出口食品符合进口国家（地区）的标准或者合同要求；中国缔结或者参加的国际条约、协定有特殊要求的，还应当符合国际条约、协定的要求。进口国家（地区）暂无标准，合同也未作要求，且中国缔结或者参加的国际条约、协定无相关要求的，出口食品生产企业应当保证其出口食品符合中国食品安全国家标准。

出口食品生产企业应当建立完善可追溯的食品安全卫生控制体系，保证食品安全卫生控制体系有效运行，确保出口食品生产、加工、贮存过程持续符合中国相关法律法规、出口食品生产企业安全卫生要求；进口国家（地区）相关法律法规和相关国际条约、协定有特殊要求的，还应当符合相关要求。出口食品生产企业应当建立供应商评估制度、进货查验记录制度、生产记录档案制度、出厂检验记录制度、出口食品追溯制度和不合格食品处置制度。相关记录应当真实有效，保存期限不得少于食品保质期期满后6个月；没有明确保质期的，保存期限不得少于2年。

出口食品生产企业应当保证出口食品包装和运输方式符合食品安全要求。

出口食品生产企业应当在运输包装上标注生产企业备案号、产品品名、生产批号和生产日期。进口国家（地区）或者合同有特殊要求的，在保证产品可追溯的前提下，经直属海关同意，出口食品生产企业可以调整前款规定的标注项目。

文件依据：《中华人民共和国进出口食品安全管理办法》（海关总署令第249号）。

40. 出口食品生产企业如何申请境外注册？应提供哪些申请材料？

答：出口食品生产企业申请境外注册时，应当通过"单一窗口"或"互联网+海关"登录"中国出口食品生产企业备案管理系统"，向住所地海关提出申请，提供以下申请材料并对其真实性负责：

（一）出口食品生产企业境外注册申请书（见海关总署公告2021年第87号附件1）；

（二）出口食品生产企业申请境外注册自我评估表（见海关总署公告2021年第87号附件2）；

（三）企业生产条件（包括但不限于厂区布局图、车间平面图、人流/物流图、水流/气流图、关键工序图片等）、生产工艺等基本情况；

（四）企业建立的可追溯的食品安全卫生控制体系文件；

（五）进口国家（地区）要求的随附资料。

文件依据：《关于发布〈出口食品生产企业申请境外注册管理办法〉的公告》（海关总署公告2021年第87号）。

41. 承运海关监管货物的车辆，应当具备哪些资格条件？

答：承运海关监管货物的车辆应为厢式货车或集装箱拖头车，经海关批准也可以为散装货车。上述车辆应当具备以下条件：

（一）用于承运海关监管货物的车辆，必须为运输企业的自有车辆，其机动车辆行驶证的车主列名必须与所属运输企业名称一致；

（二）厢式货车的厢体必须与车架固定一体，无暗格，无隔断，具有施封条件，车厢连接的螺丝均须焊死，车厢两车门之间须以钢板相卡，保证施封后无法开启；有特殊需要，需加开侧门的，须经海关批准，并符合海关监管要求；

（三）集装箱拖头车必须承运符合国际标准的集装箱；

（四）散装货车只能承运不具备加封条件的大宗散装货物，如矿砂、粮食及超大型机械设备等。

文件依据：《中华人民共和国海关关于境内公路承运海关监管货物的运输企业及其车辆、驾驶员的管理办法》（海关总署令第88号）。

42. 出口食品生产企业提交境外注册申请后，如何获知是否被境外国家（地区）批准注册？

答： 海关根据企业申请组织评审，结合企业信用、监督管理、出口食品安全等情况，对符合条件的向进口国家（地区）主管当局推荐。企业可以通过"中国出口食品生产企业备案管理系统"查看申请的进展情况，企业注册信息情况以进口国家（地区）公布为准。

文件依据：《关于发布〈出口食品生产企业申请境外注册管理办法〉的公告》（海关总署公告2021年第87号）。

43. 水果进口企业需要做进口食品进口商备案吗？

答： 不需要。新鲜水果属于植物产品，不属于食品。加工后的水果才算作食品，如加工成果汁、罐头或者果脯等。

44. 是否存在出口食品生产企业需先接受境外国家（地区）官方检查才能获得注册的情形？

答： 存在。需经进口国家（地区）主管当局现场检查合格方能获得注册资格的，出口食品生产企业应当按照进口国家（地区）的要求配合做好相关检查工作。

文件依据：《关于发布〈出口食品生产企业申请境外注册管理办法〉的公告》（海关总署公告2021年第87号）。

45. 已获境外注册企业信息发生变化的，应如何办理？

答：已获得境外注册企业的注册信息发生变更的，应当及时向住所地海关申请注册信息变更，由海关总署通报进口国家（地区）。企业注册信息变更情况以进口国家（地区）公布为准。

文件依据：《关于发布〈出口食品生产企业申请境外注册管理办法〉的公告》（海关总署公告2021年第87号）。

46. 某公司变更了境外注册中的生产场所，是否需要到中国海关办理变更手续？

答：已获得境外注册企业发生下列情形之一的，应当重新办理注册，企业注册情况以进口国家（地区）公布为准：生产场所迁址的；已注册的产品范围发生变化且进口国家（地区）主管当局要求重新注册的；已注册国家（地区）主管当局要求重新注册的其他情形。

因此，企业生产场所发生了变更，企业需要到海关办理重新注册手续。

文件依据：《关于发布〈出口食品生产企业申请境外注册管理办法〉的公告》（海关总署公告2021年第87号）。

47. 已获境外注册的出口食品生产企业有哪些情形，由海关总署撤回向进口国家（地区）主管当局的注册推荐？

答： 已获得境外注册的出口食品生产企业有下列情形之一的，由海关总署撤回向进口国家（地区）主管当局的注册推荐：

（一）企业主动申请取消注册的；

（二）企业依法终止的；

（三）出口食品生产企业备案已注销的；

（四）企业拒绝接受进口国家（地区）官方检查或未按进口国家（地区）主管当局要求进行整改及提供相关材料的；

（五）企业不能持续符合境外注册要求的；

（六）其他依法依规应当撤回向进口国家（地区）主管当局注册推荐的情形。

企业因第（四）（五）项规定之情形被海关总署撤回境外注册推荐的，两年内不得重新提出申请。

文件依据：《关于发布〈出口食品生产企业申请境外注册管理办法〉的公告》（海关总署公告2021年第87号）。

48. 食品境外生产企业注册申请书内容包括哪些？

答： 企业注册申请书内容应当包括企业名称、所在国家（地区）、生产场所地址、法定代表人、联系人、联系方式、所在国家（地区）主管当局批准的注册编号、申请注册食品种类、生产类型、生产能力等信息。

文件依据：《中华人民共和国进口食品境外生产企业注册管理规定》（海关总署令第248号）。

49. 出口蔬菜备案种植场怎样在海关备案？

答：申请人应当在种植生产季开始前3个月向种植场所在地海关提交备案申请，并提供以下材料，一式二份：

（一）出口食品原料种植场备案申请表；

（二）申请人工商营业执照或者其他独立法人资格证明的复印件；

（三）申请人合法使用土地的有效证明文件以及种植场平面图；

（四）种植场的土壤和灌溉用水的检测报告；

（五）要求种植场建立的各项质量安全管理制度，包括组织机构、农业投入品管理制度、疫情疫病监测制度、有毒有害物质控制制度、生产和追溯记录制度等；

（六）种植场负责人或者经营者、植保员身份证复印件，植保员有关资格证明或者相应学历证书复印件；

（七）种植场常用农业化学品清单；

（八）法律法规规定的其他材料。

上述资料均需种植场申请人加盖本单位公章。

申请人可通过"单一窗口"—业务应用—口岸执法申报—企业资质—资质备案提出备案申请。

50. 申请备案出口食品原料种植场,海关办理时限是多长?

答:受理海关应当自受理之日起20个工作日内完成。

51. 从什么时候开始取消进口肉类收货人、进口化妆品境内收货人备案?

答:为进一步深化"放管服"改革,持续优化口岸营商环境,减轻企业负担,海关总署决定取消进口肉类收货人备案事项和进口化妆品境内收货人备案事项,自2022年1月1日起执行。因此,自2022年1月1日起取消进口肉类收货人备案事项和进口化妆品境内收货人备案事项。

文件依据:《关于取消进口肉类收货人、进口化妆品境内收货人备案的公告》(海关总署公告2021年第108号)。

52. 什么是涉税要素申报规范?

答:涉税要素申报规范,是指进出口货物收发货人履行合规自主申报、自行缴税主体责任,按照海关相关规定,真实、准确、完整、规范申报商品名称、规格型号、税则号列、价格、原产国(地区)等涉税要素,确保税款应缴尽缴。

文件依据:《关于公布〈海关高级认证企业标准〉涉税要素申报规范认定标准的公告》(海关总署公告2022年第114号)。

53. 什么是经认证的经营者（AEO）?

答：经认证的经营者（AEO），是指以任何一种方式参与货物国际流通，符合海关总署规定标准的企业。

文件依据：《中华人民共和国海关注册登记和备案企业信用管理办法》（海关总署令第251号）。

54. 新《海关高级认证企业标准》对组织架构是否有要求?

答：新修订的《海关高级认证企业标准》（简称"新《标准》"）将企业内部组织架构的要求融入标准各要素中，如"企业的进出口业务、财务、贸易安全、内部审计等岗位职责分工明确"等要求在新《标准》中均有所体现。

文件依据：《关于公布〈海关高级认证企业标准〉的公告》（海关总署公告2022年第106号）。

55. 高级认证企业的网上办理流程是什么?

答：第一步，登录"单一窗口"—业务应用—口岸执法申报—企业资质—企业信用；

第二步，进入"企业信用管理"模块，选择"企业认证"项下"高级认证申请"，填写相应内容，信息完成后，点击

"申报"按钮;

第三步,海关网上审核,并通过信用系统将申请提交直属海关认证部门。

56. 《海关高级认证企业标准》(通用标准)中财务状况标准是什么?

答:企业应当提供财务状况相关证明,可选择以下任一方式:

(一)提供会计师事务所审计报告;

(二)企业的ERP系统已与海关对接的,提供资产负债表。

无连续5年资产负债率超过95%的情形。

文件依据:《关于公布〈海关高级认证企业标准〉的公告》(海关总署公告2022年第106号)。

57. 某企业去年已成为高级认证企业,今年需向海关提交会计事务所的审计报告吗?

答:海关对高级认证企业每5年复核一次。企业信用状况发生异常情况的,海关可以不定期开展复核,所以企业暂时无须提供。根据《海关高级认证企业标准》(通用标准)的要求,企业应于海关开展高级认证企业复核时向海关提交最近一次认证或复核后每一年度会计师事务所出具的无保留意见审计报告。

文件依据:《中华人民共和国海关注册登记和备案企业信用管理办法》(海关总署令第251号)、《关于公布〈海关高级认证企业标准〉的公告》(海关总署公告2022年第106号)。

58. 海关对新申请高级认证企业的涉税要素申报规范标准是否达标进行认定的情形有哪些？

答：(一)海关未发现企业存在《涉税要素申报规范认定标准》(简称《认定标准》，见海关总署公告2022年第106号附件)项目中"认定存在不规范问题"情形的，企业的涉税要素申报规范标准为达标。

(二)海关发现企业存在《认定标准》项目中以少缴税款为认定标准的"认定存在不规范问题"情形的，相关项目指标不达标；企业未造成少缴税款，或者少缴税款金额累计未超过10万元的，相关项目指标为达标。

(三)海关发现企业存在《认定标准》项目中不以少缴税款为认定标准的"认定存在不规范问题"情形的，相关项目指标为不达标。

文件依据：《关于公布〈海关高级认证企业标准〉涉税要素申报规范认定标准的公告》(海关总署公告2022年第114号)。

59. 海关对企业实施怎样的管理措施？

答：根据企业申请，按照规定的标准和程序将企业认证为高级认证企业的，对其实施便利的管理措施。

海关根据采集的信用信息，按照规定的标准和程序将违法违规企业认定为失信企业的，对其实施严格的管理措施。海关对高级认证企业和失信企业之外的其他企业实施常规的管理措施。

文件依据：《中华人民共和国海关注册登记和备案企业信用管理办法》（海关总署令第251号）。

60. 企业申请高级认证企业时，海关是否要对所有的通用标准和单项标准进行认证？

答：高级认证企业应当同时符合通用标准和相应的单项标准。新修订的《海关高级认证企业标准》实施后，海关根据通用标准和企业经营涉及的海关业务类型相应单项标准进行认证。单项标准目前包括加工贸易以及保税进出口业务、卫生检疫业务、动植物检疫业务、进出库食品业务、快件运营业务、物流运输业务、跨境电子商务平台业务和外贸综合服务业务等10项海关不同类型的业务。

文件依据：《关于公布〈海关高级认证企业标准〉的公告》（海关总署公告2022年第106号）、《中华人民共和国海关注册登记和备案企业信用管理办法》（海关总署令第251号）。

61. 企业对海关拟认定失信企业决定提出陈述、申辩的，应当在收到书面告知之日起多长时间内向海关书面提出？

答： 企业对海关拟认定失信企业决定提出陈述、申辩的，应当在收到书面告知之日起5个工作日内向海关书面提出。海关应当在20日内进行核实，企业提出的理由成立的，海关应当采纳。

文件依据： 《中华人民共和国海关注册登记和备案企业信用管理办法》（海关总署令第251号）。

62. 未被列入严重失信主体名单的失信企业纠正失信行为，消除不良影响，需要符合什么条件可以向海关申请信用修复？

答： 未被列入严重失信主体名单的失信企业纠正失信行为，消除不良影响，并且符合下列条件的，可以向海关书面申请信用修复并提交相关证明材料：

（一）因存在《中华人民共和国海关注册登记和备案企业信用管理办法》第二十二条第二项、第六项情形被认定为失信企业满1年的；

（二）因存在《中华人民共和国海关注册登记和备案企业信用管理办法》第二十二条第三项情形被认定为失信企业满6个月的；

（三）因存在《中华人民共和国海关注册登记和备案企业信

用管理办法》第二十二条第四项、第五项情形被认定为失信企业满3个月的。

文件依据：《中华人民共和国海关注册登记和备案企业信用管理办法》（海关总署令第251号）。

63. 经审核符合信用修复条件的，海关应当自收到企业信用修复申请之日起多长时间内作出准予信用修复决定？

答：经审核符合信用修复条件的，海关应当自收到企业信用修复申请之日起20日内作出准予信用修复决定。

文件依据：《中华人民共和国海关注册登记和备案企业信用管理办法》（海关总署令第251号）。

64. 高级认证企业适用哪些管理措施？

答：高级认证企业是中国海关AEO，适用下列管理措施：

（一）进出口货物平均查验率低于实施常规管理措施企业平均查验率的20%，法律、行政法规或者海关总署有特殊规定的除外；

（二）出口货物原产地调查平均抽查比例在企业平均抽查比例的20%以下，法律、行政法规或者海关总署有特殊规定的除外；

（三）优先办理进出口货物通关手续及相关业务手续；

（四）优先向其他国家（地区）推荐农产品、食品等出口企业的注册；

（五）可以向海关申请免除担保；

（六）减少对企业稽查、核查频次；

（七）可以在出口货物运抵海关监管区之前向海关申报；

（八）海关为企业设立协调员；

（九）AEO互认国家（地区）海关通关便利措施；

（十）国家有关部门实施的守信联合激励措施；

（十一）因不可抗力中断国际贸易恢复后优先通关；

（十二）海关总署规定的其他管理措施。

文件依据：《中华人民共和国海关注册登记和备案企业信用管理办法》（海关总署令第251号）。

65. 企业有哪些情形，海关认定为失信企业？

答：企业有下列情形之一的，海关认定为失信企业：

（一）被海关侦查走私犯罪公安机构立案侦查并由司法机关追究刑事责任的；

（二）构成走私行为被海关行政处罚的；

（三）非报关企业1年内违反海关的监管规定被海关行政处罚的次数超过上年度报关单、进出境备案清单、进出境运输工具舱单等单证（简称"相关单证"）总票数千分之一且被海关行政处罚金额累计超过100万元的；报关企业1年内违反海关的监管规定被海关行政处罚的次数超过上年度相关单证总票数万分之五且被海关行政处罚金额累计超过30万元的；上年度相关单证票数无法计算的，1年内因违反海关的监管规定被海关行政处罚，非报关企业处罚金额累计超过100万元、报关企业处罚金额累计超过30万元的；

（四）自缴纳期限届满之日起超过3个月仍未缴纳税款的；

（五）自缴纳期限届满之日起超过6个月仍未缴纳罚款、没收的违法所得和追缴的走私货物、物品等值价款，并且超过1万元的；

（六）抗拒、阻碍海关工作人员依法执行职务，被依法处罚的；

（七）向海关工作人员行贿，被处以罚款或者被依法追究刑事责任的；

（八）法律、行政法规、海关规章规定的其他情形。

文件依据：《中华人民共和国海关注册登记和备案企业信用管理办法》（海关总署令第251号）。

66. 企业有哪些情形，在1年内不得提出高级认证企业认证申请？

答：企业有下列情形之一的，1年内不得提出高级认证企业认证申请：

（一）未通过高级认证企业认证或者复核的；

（二）放弃高级认证企业管理的；

（三）撤回高级认证企业认证申请的；

（四）高级认证企业被海关下调信用等级的；

（五）失信企业被海关上调信用等级的。

文件依据：《中华人民共和国海关注册登记和备案企业信用管理办法》（海关总署令第251号）。

67. 企业申请成为高级认证企业的，需要向海关提交书面申请及材料吗？

答：企业申请成为高级认证企业的，应当向海关提交书面申请，并按照海关要求提交相关资料。

文件依据：《中华人民共和国海关注册登记和备案企业信用管理办法》（海关总署令第251号）。

68. 申请高级认证企业委托社会中介机构出具的专业结论，可以作为海关认证、复核的参考依据吗？

答：海关可以委托社会中介机构就高级认证企业认证、复核相关问题出具专业结论。企业委托社会中介机构就高级认证企业认证、复核相关问题出具的专业结论，可以作为海关认证、复核的参考依据。

文件依据：《中华人民共和国海关注册登记和备案企业信用管理办法》（海关总署令第251号）。

69. 高级认证企业证书、未通过认证决定书送达申请人后多长时间生效？

答：经认证，符合高级认证企业标准的企业，海关制发高级认证企业证书；不符合高级认证企业标准的企业，海关制发未通过认证决定书。高级认证企业证书、未通过认证决定书应当送达申请人，自送达之日起生效。

文件依据：《中华人民共和国海关注册登记和备案企业信用管理办法》(海关总署令第251号)。

70. 海关会赴申请高级认证的企业进行实地认证吗？

答：海关依据高级认证企业通用标准和相应的单项标准，对企业提交的申请和有关资料进行审查，并赴企业进行实地认证。

文件依据：《中华人民共和国海关注册登记和备案企业信用管理办法》(海关总署令第251号)。

71. 企业申请高级认证，海关应当自收到申请资料之日起多长时间内进行认证并作出决定？

答：海关应当自收到申请及相关资料之日起90日内进行认证并作出决定。特殊情形下，海关的认证时限可以延长30日。

文件依据：《中华人民共和国海关注册登记和备案企业信用管理办法》(海关总署令第251号)。

72. 若企业对海关公示的信用信息有质疑，可以向海关提出异议吗？

答：自然人、法人或者非法人组织认为海关公示的信用信息不准确的，可以向海关提出异议，并且提供相关资料或者证明材料。

文件依据：《中华人民共和国海关注册登记和备案企业信用管理办法》（海关总署令第251号）。

73. 若企业对海关公示的信用信息有质疑，已向海关提出异议申请，海关需要在多长时间内进行复核？

答：海关应当自收到异议申请之日起20日内进行复核。自然人、法人或者非法人组织提出异议的理由成立的，海关应当采纳。

文件依据：《中华人民共和国海关注册登记和备案企业信用管理办法》（海关总署令第251号）。

74. 高级认证企业应当符合哪些标准？

答：高级认证企业的认证标准分为通用标准和单项标准。高级认证企业的通用标准包括内部控制、财务状况、守法规范及贸易安全等内容。高级认证企业的单项标准是海关针对不同企业类型和经营范围制定的认证标准。高级认证企业应当同时符合通用标准和相应的单项标准。

文件依据：《中华人民共和国海关注册登记和备案企业信用管理办法》(海关总署令第251号)。

75. 失信企业适用哪些管理措施？

答：失信企业适用下列管理措施：
（一）进出口货物查验率80%以上；
（二）经营加工贸易业务的，全额提供担保；
（三）提高对企业稽查、核查频次；
（四）海关总署规定的其他管理措施。

文件依据：《中华人民共和国海关注册登记和备案企业信用管理办法》(海关总署令第251号)。

76. 收发货人是否会受到报关单申报单位信用等级影响？

答：企业向海关申报的进出口货物报关单中，若"进出口货物收发货人"与"申报单位"企业信用等级不一致，导致适用的管理措施相抵触的，海关按照较低信用等级企业适用的管理措施实施管理。

文件依据：《中华人民共和国海关注册登记和备案企业信用管理办法》(海关总署令第251号)。

77. 海关多长时间会对高级认证企业重新复核一次？

答：海关对高级认证企业每5年复核一次。
文件依据：《中华人民共和国海关注册登记和备案企业信用管理办法》（海关总署令第251号）。

78. 企业存在哪些情形，海关会依照法律、行政法规等有关规定实施联合惩戒失信企业，将其列入严重失信主体名单？

答：（一）违反进出口食品安全管理规定、进出口化妆品监督管理规定或者走私固体废物被依法追究刑事责任的；

（二）非法进口固体废物被海关行政处罚金额超过250万元的。

文件依据：《中华人民共和国海关注册登记和备案企业信用管理办法》（海关总署令第251号）。

79. 在海关注册的企业办理上市、再融资、重大资产重组等业务时，是否可以向海关申请办理信用状况证明？

答：根据相关文件规定，企业可以向所在地海关企业管理部门申请办理企业信用状况证明。

80. 海关会公示企业的哪些信用信息？

答：海关应当及时公示下列信用信息，并公布查询方式：

（一）企业在海关注册登记或者备案信息；

（二）海关对企业信用状况的认证或者认定结果；

（三）海关对企业的行政许可信息；

（四）海关对企业的行政处罚信息；

（五）海关与国家有关部门实施联合激励和联合惩戒信息；

（六）其他依法应当公示的信息。

公示的信用信息涉及国家秘密、国家安全、社会公共利益、商业秘密或者个人隐私的，应当依照法律、行政法规的规定办理。

文件依据：《中华人民共和国海关注册登记和备案企业信用管理办法》（海关总署令第251号）。

81. 企业主动披露且被海关处以警告或者海关总署规定数额以下罚款的行为，是否会作为海关认定企业信用状况的记录？

答：企业主动披露且被海关处以警告或者海关总署规定数额以下罚款的行为，不作为海关认定企业信用状况的记录。

文件依据：《中华人民共和国海关注册登记和备案企业信用管理办法》（海关总署令第251号）。

82. 企业信用状况认定依据的处罚金额如何计算?

答：作为企业信用状况认定依据的处罚金额，应为被海关处以罚款、没收违法所得或者没收货物、物品价值的金额之和。

文件依据：《中华人民共和国海关注册登记和备案企业信用管理办法》(海关总署令第251号)。

83. 未按规定报送海关年报事项的企业，对企业信用状况会有什么影响?

答：未按规定报送海关年报事项的企业，海关将其列入信用信息异常企业名录并向社会公示；补报海关年报后，海关将其移出信用信息异常企业名录。

文件依据：《关于实施年报"多报合一"改革的公告》(国家市场监督管理总局　海关总署公告2018年第9号)。

84. 如何查询企业在海关的信用级别?

答：有以下两种方式：

（一）登录海关总署门户网站—互联网+海关—我要查—企业信息公示。

（二）登录"中国海关企业进出口信用信息公示平台"(网址：credit.customs.gov.cn)，可查询到向社会公示在海关注册登记企业的信用信息。

85. 什么是海关稽查？

答：海关稽查是指海关自进出口货物放行之日起3年内或者在保税货物、减免税进口货物的海关监管期限内及其后的3年内，对与进出口货物直接有关的企业、单位的会计账簿、会计凭证、报关单证以及其他有关资料和有关进出口货物进行核查，监督其进出口活动的真实性和合法性。

文件依据：《中华人民共和国海关稽查条例》(国务院令第209号)。

86. 海关在稽查过程中查封了某公司的账和货物，有相关依据吗？

答：海关进行稽查时，发现被稽查人有可能转移、隐匿、篡改、毁弃账簿、单证等有关资料的，经直属海关关长或者其授权的隶属海关关长批准，可以查封、扣押其账簿、单证等有关资料以及相关电子数据存储介质。采取该项措施时，不得妨碍被稽查人正常的生产经营活动。海关进行稽查时，发现被稽查人的进出口货物有违反海关法和其他有关法律、行政法规规定的嫌疑的，经直属海关关长或者其授权的隶属海关关长批准，可以查封、扣押有关进出口货物。

文件依据：《中华人民共和国海关稽查条例》(国务院令第209号)。

87. 实施稽查时，向商业银行或者其他金融机构查询被稽查人的存款账户是否需要经直属海关关长或者其授权的隶属海关关长批准？

答：需要。经直属海关关长或者其授权的隶属海关关长批准，海关可以凭《协助查询通知书》向商业银行或者其他金融机构查询被稽查人的存款账户。

文件依据：《〈中华人民共和国海关稽查条例〉实施办法》(海关总署令第230号)。

88. 是否可以不经事先通知实施稽查？

答：海关需要实施稽查时，应当在实施稽查的3日前，书面通知被稽查人。在被稽查人有重大违法嫌疑，其账簿、单证等有关资料以及进出口货物可能被转移、隐匿、毁弃等紧急情况下，经直属海关关长或者其授权的隶属海关关长批准，海关可以不经事先通知进行稽查。

文件依据：《中华人民共和国海关稽查条例》(国务院令第209号)。

89. 海关发现被稽查人未按照规定设置或者编制账簿的，是否应当将有关情况通报被稽查人所在地的人民政府财政部门？

答：应当。海关发现被稽查人未按照规定设置或者编制账簿，或者转移、隐匿、篡改、毁弃账簿的，应当将有关情况通报被稽查人所在地的县级以上人民政府财政部门。

文件依据：《〈中华人民共和国海关稽查条例〉实施办法》(海关总署令第230号)。

90. 被稽查人注册地与货物报关地或者进出口地不一致的，稽查管辖地应是哪里？

答：被稽查人注册地与货物报关地或者进出口地不一致的，注册地海关与报关地或者进出口地海关均可以实施稽查。

文件依据：《〈中华人民共和国海关稽查条例〉实施办法》(海关总署令第230号)。

91. 进出境运输工具属于海关稽查查封、扣押对象吗？

答：进出境运输工具不属于海关稽查查封、扣押对象。

海关实施稽查时，发现被稽查人有可能转移、隐匿、篡改、毁弃账簿、单证等有关资料的，经直属海关关长或者其授权的隶属海关关长批准，可以查封、扣押其账簿、单证等有关资料及相关电子数据存储介质。海关实施稽查时，发现被稽查人的进出口货物有违反海关法或者其他有关法律、行政法规嫌疑的，经直属海关关长或者其授权的隶属海关关长批准，可以查封、扣押有关进出口货物。

文件依据：《〈中华人民共和国海关稽查条例〉实施办法》(海关总署令第230号)。

92. 企业已经收到《海关稽查通知书》，并且海关已经开始稽查，但企业在自查的过程中，发现还存在稽查通知书所列内容之外的其他违反海关规定的情形，此时还能主动披露、享受相应政策吗？

答：进出口企业、单位主动向海关书面报告其违反海关监管规定的行为并接受海关处理的，海关可以认定有关企业、单位主动披露。但有下列情形之一的除外：

（一）报告前海关已经掌握违法线索的；

（二）报告前海关已经通知被稽查人实施稽查的；

（三）报告内容严重失实或者隐瞒其他违法行为的。

文件依据：《〈中华人民共和国海关稽查条例〉实施办法》（海关总署令第230号）。

93. 某公司是加工贸易企业，刚收到主管海关的《海关稽查通知书》，这表明该公司在加工贸易过程中违法了吗？

答：海关稽查的主要目的是监督企业进出口活动的真实性与合法性。企业接到《海关稽查通知书》并不代表企业发生了违法行为。

文件依据：《中华人民共和国海关稽查条例》（国务院令第209号）。

94. 经海关稽查，发现税款少征或者漏征的，海关会如何处理？

答：经海关稽查，发现关税或者其他进口环节的税收少征或者漏征的，由海关依照海关法和有关税收法律、行政法规的规定向被稽查人补征；因被稽查人违反规定而造成少征或者漏征的，由海关依照海关法和有关税收法律、行政法规的规定追征。被稽查人在海关规定的期限内仍未缴纳税款的，海关可以依照《中华人民共和国海关法》第六十条第一款、第二款的规定采取强制执行措施。

文件依据：《中华人民共和国海关法》、《中华人民共和国海关稽查条例》(国务院令第209号)。

95. 海关根据什么因素来确定稽查重点？

答：海关按照监管的要求，根据与进出口货物直接有关的企业、单位的进出口信用状况和风险状况以及进出口货物的具体情况，确定海关稽查重点。

文件依据：《中华人民共和国海关稽查条例》(国务院令第209号)。

96. 海关稽查的对象有哪些？

答：海关对下列与进出口货物直接有关的企业、单位实施海关稽查：

（一）从事对外贸易的企业、单位；

（二）从事对外加工贸易的企业；

（三）经营保税业务的企业；

（四）使用或者经营减免税进口货物的企业、单位；

（五）从事报关业务的企业；

（六）进出口货物的实际收发货人；

（七）其他与进出口货物直接有关的企业、单位。

文件依据：《中华人民共和国海关稽查条例》（国务院令第209号）。

97. 海关对与进出口货物直接有关的企业、单位的哪些活动进行稽查？

答：（一）进出口申报；

（二）进出口关税和其他税、费的缴纳；

（三）进出口许可证件和有关单证的交验；

（四）与进出口货物有关的资料记载、保管；

（五）保税货物的进口、使用、储存、维修、加工、销售、运输、展示和复出口；

（六）减免税进口货物的使用、管理；

（七）其他进出口活动。

文件依据：《〈中华人民共和国海关稽查条例〉实施办法》（海关总署令第230号）。

98. 海关稽查中进行贸易调查的形式和内容有哪些？

答：海关根据稽查工作需要，可以通过实地查看、走访咨询、书面函询、网络调查和委托调查等方式向有关行业协会、政府部门和相关企业等开展贸易调查，收集下列信息：

（一）政府部门监督管理信息；

（二）特定行业、企业的主要状况、贸易惯例、生产经营、市场结构等信息；

（三）特定商品的结构、成分、等级、功能、用途、工艺流程、工作原理等技术指标或者技术参数以及价格等信息；

（四）其他与进出口活动有关的信息。有关政府部门、金融机构、行业协会和相关企业等应当配合海关贸易调查，提供有关信息。

文件依据：《〈中华人民共和国海关稽查条例〉实施办法》（海关总署令第230号）。

99. 企业拒绝签收《海关稽查通知书》，海关会如何处置？

答：海关可采取留置送达。被稽查人拒绝签收稽查文书的，海关可以邀请见证人到场，说明情况，注明事由和日期，由见证人和至少两名海关稽查人员签名，把稽查文书留在被稽查人的生产经营场所。海关也可以把稽查文书留在被稽查人的生产经营场所，并采用拍照、录像等方式记录全过程，即视为被稽查人已经签收。

文件依据：《〈中华人民共和国海关稽查条例〉实施办法》（海关总署令第230号）。

100. 主动披露事项的税款滞纳金能申请减免吗？

答： 进出口企业、单位主动向海关书面报告其涉税违规行为并及时改正，经海关认定为主动披露的，进出口企业、单位可依法向海关申请减免税款滞纳金。符合规定的，海关予以减免。

文件依据：《关于处理主动披露违规行为有关事项的公告》（海关总署公告2023年第127号）。

101. 高级认证企业主动披露涉税违规，海关调查期间企业信用级别是否会受影响？

答： 不影响。进出口企业、单位主动披露且被海关处以警告或者100万元以下罚款行政处罚的行为，不列入海关认定企业信用状况的记录。高级认证企业主动披露涉税违规行为的，海关立案调查期间不暂停对该企业适用相应管理措施。但检验类涉及安全、环保、卫生类事项的除外。

文件依据：《关于处理主动披露违规行为有关事项的公告》（海关总署公告2023年第127号）。

102. 企业向海关主动披露涉税违规行为应提供哪些材料？

答： 进出口企业、单位向海关主动披露的，需填制《主动披露报告表》，并随附账簿、单证等材料，向报关地、实际进出口地或注册地海关报告。

文件依据：《关于处理主动披露违规行为有关事项的公告》(海关总署公告2023年第127号)。

103. 进出口企业主动披露涉税违规行为，是否可以免予行政处罚？

答：进出口企业、单位主动披露违反海关规定的行为，有下列情形之一的，不予行政处罚：

（一）自涉税违规行为发生之日起六个月以内向海关主动披露的。

（二）自涉税违规行为发生之日起超过六个月但在两年以内向海关主动披露，漏缴、少缴税款占应缴纳税款比例30%以下的，或者漏缴、少缴税款在人民币100万元以下的。

（三）影响国家出口退税管理的：

1.自违规行为发生之日起六个月以内向海关主动披露的；

2.自违规行为发生之日起超过六个月但在两年以内向海关主动披露，影响国家出口退税管理且可能多退税款占应退税款的30%以下，或者可能多退税款在人民币100万元以下的。

（四）加工贸易企业因工艺改进、使用非保税料件比例申报不准确等原因导致实际单耗低于已申报单耗，且因此产生的剩余料件、半制成品、制成品尚未处置，或者已通过加工贸易方式复出口的。

（五）适用《中华人民共和国海关行政处罚实施条例》第

十五条第（一）项规定，及时改正没有造成危害后果的：

1.违法违规行为发生当月最后一日24点前，向海关主动披露且影响统计人民币总值1000万元以下的；

2.违法违规行为发生当月最后一日24点后3个自然月内，向海关主动披露且影响统计人民币总值500万元以下的。

（六）适用《中华人民共和国海关行政处罚实施条例》第十五条第（二）项规定处理的。

（七）适用《中华人民共和国海关行政处罚实施条例》第十八条规定处理，未影响国家有关进出境的禁止性管理、出口退税管理、税款征收和许可证件管理的违反海关规定行为的。

（八）进出口企业、单位违反海关检验检疫业务规定的行为，且能够及时办理海关手续，未造成危害后果的（见附件1）。但涉及检疫类事项，以及检验类涉及安全、环保、卫生类事项的除外。

文件依据：《关于处理主动披露违规行为有关事项的公告》（海关总署公告2023年第127号）。

104. 企业主动披露涉税违规行为的途径有哪些？

答：进出口企业、单位向海关主动披露可通过以下两种方式：

（一）可到原税款征收地海关或企业所在地海关提交申请资料，

（二）可通过"互联网+海关"线上申请。操作路径："互联网+海关"—我要办—企业管理和稽查—企业稽核查。

文件依据：《关于处理主动披露违规行为有关事项的公告》(海关总署公告2023年第127号)。

105. 海关向报关单位开具的《责令改正通知书》需要盖章吗？

答：海关向报关单位开具《责令改正通知书》应加盖海关备案专用章。

文件依据：《关于进一步明确报关单位备案有关事宜的公告》(海关总署公告2022年第113号)。

附 录[1]

中华人民共和国海关报关单位备案管理规定

（2021年11月19日海关总署令第253号公布
自2022年1月1日起施行）

第一条 为了规范海关对报关单位的备案管理，根据《中华人民共和国海关法》以及其他有关法律、行政法规的规定，制定本规定。

第二条 报关单位，是指按照本规定在海关备案的进出口货物收发货人、报关企业。

第三条 报关单位可以在中华人民共和国关境内办理报关业务。

第四条 进出口货物收发货人、报关企业申请备案的，应当取得市场主体资格；其中进出口货物收发货人申请备案的，还应当取得对外贸易经营者备案。

进出口货物收发货人、报关企业已办理报关单位备案的，其符合前款条件的分支机构也可以申请报关单位备案。

法律、行政法规、规章另有规定的，从其规定。

第五条 报关单位申请备案时，应当向海关提交《报关单位备案信息表》（见附件）。

第六条 下列单位按照国家有关规定需要从事非贸易性进出口活动的，应当办理临时备案：

（一）境外企业、新闻、经贸机构、文化团体等依法在中国境内设立的常驻代表机构；

（二）少量货样进出境的单位；

---

[1] 本附录仅收录使用频率较高的规章和规范性文件，按前文出现顺序排列。

（三）国家机关、学校、科研院所、红十字会、基金会等组织机构；

（四）接受捐赠、礼品、国际援助或者对外实施捐赠、国际援助的单位；

（五）其他可以从事非贸易性进出口活动的单位。

办理临时备案的，应当向所在地海关提交《报关单位备案信息表》，并随附主体资格证明材料、非贸易性进出口活动证明材料。

第七条 经审核，备案材料齐全，符合报关单位备案要求的，海关应当在3个工作日内予以备案。备案信息应当通过"中国海关企业进出口信用信息公示平台"进行公布。

报关单位要求提供纸质备案证明的，海关应当提供。

第八条 报关单位备案长期有效。

临时备案有效期为1年，届满后可以重新申请备案。

第九条 报关单位名称、市场主体类型、住所（主要经营场所）、法定代表人（负责人）、报关人员等《报关单位备案信息表》载明的信息发生变更的，报关单位应当自变更之日起30日内向所在地海关申请变更。

报关单位因迁址或者其他原因造成所在地海关发生变更的，应当向变更后的海关申请变更。

第十条 报关单位有下列情形之一的，应当向所在地海关办理备案注销手续：

（一）因解散、被宣告破产或者其他法定事由终止的；

（二）被市场监督管理部门注销或者撤销登记、吊销营业执照的；

（三）进出口货物收发货人对外贸易经营者备案失效的；

（四）临时备案单位丧失主体资格的；

（五）其他依法应当注销的情形。

报关单位已在海关备案注销的，其所属分支机构应当办理备案注销手续。

报关单位未按照前两款规定办理备案注销手续的，海关发现后应当依法注销。

第十一条 报关单位备案注销前，应当办结海关有关手续。

第十二条 报关单位在办理备案、变更和注销时，应当对所提交材料的真实性、有效性负责并且承担法律责任。

第十三条 海关可以对报关单位备案情况进行监督和实地检查，依法查阅或者要求报关单位报送有关材料。报关单位应当配合，如实提供有关情况和材料。

第十四条 报关单位有下列情形之一的，海关责令其改正，拒不改正的，海关可以处1万元以下罚款：

（一）报关单位名称、市场主体类型、住所（主要经营场所）、法定代表人（负责人）、报关人员等发生变更，未按照规定向海关办理变更的；

（二）向海关提交的备案信息隐瞒真实情况、弄虚作假的；

（三）拒不配合海关监督和实地检查的。

第十五条 本规定由海关总署负责解释。

第十六条 本规定自2022年1月1日起施行。2014年3月13日海关总署令第221号公布、2017年12月20日海关总署令第235号修改、2018年5月29日海关总署令第240号修改的《中华人民共和国海关报关单位注册登记管理规定》，2015年2月15日原国家质量监督检验检疫总局令第161号公布、2016年10月18日原国家质量监督检验检疫总局令第184号修改、2018年4月28日海关总署令第238号修改、2018年5月29日海关总署令第240号修改的《出入境检验检疫报检企业管理办法》同时废止。

附件：报关单位备案信息表[1]

---

1 本附件略。

关于进一步明确报关单位备案有关事宜的公告

（海关总署公告 2022 年第 113 号）

为进一步落实"放管服"改革部署，规范和统一海关报关单位备案工作，为广大企业提供便捷高效政务服务，海关总署现就进一步明确报关单位备案工作相关事宜公告如下：

一、进出口货物收发货人及其分支机构备案应当符合的条件

（一）进出口货物收发货人的条件：

1. 进出口货物收发货人应当为以下市场主体类型：

（1）公司、非公司企业法人；

（2）个人独资企业、合伙企业；

（3）农民专业合作社（联合社）；

（4）个体工商户；

（5）外国公司分支机构；

（6）法律、行政法规规定的其他市场主体。

2. 进出口货物收发货人应当取得对外贸易经营者备案。法律、行政法规、规章另有规定的，从其规定。

3. 尚未办理进出口货物收发货人备案或者临时备案。

（二）进出口货物收发货人分支机构的条件：

1. 进出口货物收发货人分支机构的市场主体类型应当为以下市场主体的分支机构：

（1）公司、非公司企业法人；

（2）个人独资企业、合伙企业；

（3）农民专业合作社（联合社）。

2. 进出口货物收发货人分支机构应当取得对外贸易经营者备案。法律、行政法规、规章另有规定的，从其规定。

3. 进出口货物收发货人分支机构所属市场主体已经办理进出口货物收发货人备案。

4. 尚未办理进出口货物收发货人分支机构备案或者临时备案。

二、报关企业及其分支机构备案应当符合的条件

（一）报关企业的条件：

1. 报关企业应当为以下市场主体类型：

（1）公司、非公司企业法人；

（2）个人独资企业、合伙企业。

2. 尚未办理报关企业备案。

（二）报关企业分支机构的条件：

1. 报关企业分支机构的市场主体类型应当为以下市场主体的分支机构：

（1）公司、非公司企业法人；

（2）个人独资企业、合伙企业。

2. 报关企业分支机构所属市场主体已经办理报关企业备案。

3. 尚未办理报关企业分支机构备案。

三、临时备案应当符合的条件

（一）下列单位按照国家有关规定需要从事非贸易性进出口活动的，应当办理临时备案：

1. 境外企业、新闻、经贸机构、文化团体等依法在中国境内设立的常驻代表机构；

2. 少量货样进出境的单位；

3. 国家机关、学校、科研院所、红十字会、基金会等组织机构；

4. 接受捐赠、礼品、国际援助或者对外实施捐赠、国际援助的单位；

5. 其他可以从事非贸易性进出口活动的单位。

（二）备案目的为从事非贸易性进出口活动。

（三）未办理进出口货物收发货人、进出口货物收发人分支机构

备案。

（四）未办理临时备案，或者已经办理临时备案且在有效期届满前30日之后的。

四、责令报关单位整改的情形

报关单位有下列情形之一的，海关责令其改正，向报关单位开具《责令改正通知书》（见附件，以下简称《通知书》），责令报关单位在10个工作日内改正。

（一）报关单位名称、市场主体类型、住所（主要经营场所）、法定代表人（负责人）、报关人员等发生变更，未按照规定向海关办理变更的；

（二）向海关提交的备案信息隐瞒真实情况、弄虚作假的；

（三）拒不配合海关监督和实地检查的。

海关向报关单位开具《通知书》应加盖海关备案专用章。《通知书》不适用公告送达方式，自制发之日起10个工作日内通过其他方式送达。

直接送达的，由签收人在《通知书》上签字确认；无法直接送达或者无法送达的，经办关员应当在《通知书》上注明有关情况，并至少有2名关员签字确认。

本公告自2022年12月1日起施行。

特此公告。

附件：责令改正通知书[1]

海关总署
2022年11月16日

---

[1] 本附件略。

关于进一步优化报关单位登记管理有关事项的公告

（海关总署公告 2018 年第 191 号）

为落实"放管服"改革要求，根据全国海关通关一体化关检业务全面融合工作部署，海关总署决定进一步优化报关单位登记管理，简化相关登记手续，降低企业制度性交易成本，现将有关事项公告如下：

一、关于进出口货物收发货人及其分支机构从事报关业务

进出口货物收发货人依法设立的分支机构可以办理进出口货物收发货人分支机构备案，由进出口货物收发货人凭《报关单位情况登记表》向分支机构所在地海关申请办理。

进出口货物收发货人及其在海关备案的分支机构可以在全国办理进出口报关业务。

进出口货物收发货人应当对其分支机构的行为承担法律责任。

二、关于报关企业及其分支机构从事报关业务

报关企业及其在海关备案的分支机构可以在全国办理进出口报关业务。

报关企业应当对其分支机构的行为承担法律责任。

三、关于临时注册登记

申请人办理海关临时注册登记的，凭《报关单位情况登记表》和非贸易性活动证明材料即可向海关申请办理。

本公告自 2019 年 2 月 1 日起施行。

特此公告。

海关总署
2018 年 12 月 7 日

关于实施年报"多报合一"改革的公告

(国家市场监督管理总局 海关总署公告2018年第9号)

为贯彻落实党中央、国务院关于推进"放管服"改革部署,进一步减轻企业负担,优化营商环境,国家市场监管总局、海关总署研究决定,自2017年度年报起,实施"多报合一"改革。现就有关事项公告如下:

一、在海关注册登记或者备案的报关单位(进出口货物收发货人、报关企业)、加工生产企业(含个体工商户、农民专业合作社)和减免税进口货物处于监管年限内的企业(以下统称"海关管理企业")统一通过国家企业信用信息公示系统(www.gsxt.gov.cn,以下简称"公示系统")报送年报。

其中,减免税进口货物处于监管年限内的企业2017年度暂不通过公示系统报送减免税进口货物使用状况信息,继续通过中国电子口岸QP预录入客户端减免税申报系统向海关提交《减免税货物使用状况报告书》。自2018年度起,统一通过公示系统报送年报(年报内容另行发布)。

二、2017年度海关管理企业年报报送时间为即日起至8月31日。企业可以在通过公示系统完成年报报送之日起7日后,登录"中国海关企业进出口信用信息公示平台",查询海关接收企业年报的状态。

5月1日起公示系统已经完成"多报合一"功能改造,并部署上线,本公告下发前已经通过公示系统报送"多报合一"年报的视为已完成2017年度年报。

三、年报"多报合一"改革前,海关管理企业已经向市场监管部门报送2017年度年报但未报送海关年报事项的,应当在即日起至12月31日补报海关年报事项(见附件,不同企业类型填报数据项不同,具体以公示系统为准)。

　　四、截至2018年8月31日,海关管理企业仍未报送2017年度年报(海关年报事项除外)的,市场监管部门将其列入经营异常名录或者标记为经营异常状态并向社会公示。2018年9月1日后,海关管理企业可以继续通过公示系统补报年报;补报年报后,可以申请移出经营异常名录或者恢复正常记载状态。

　　五、截至2018年12月31日,海关管理企业仍未报送2017年度年报海关年报事项的,海关将其列入信用信息异常企业名录并向社会公示。2019年1月1日及之后,海关管理企业可以继续通过公示系统补报年报;补报年报后,海关将其移出信用信息异常企业名录。

　　六、从2018年度年报开始,海关管理企业年报时间统一为每年1月1日至6月30日。

　　未按规定报送海关年报事项的企业,海关将其列入信用信息异常企业名录并向社会公示;补报年报后,海关将其移出信用信息异常企业名录。

　　非海关管理的企业年报内容、报送时间不变。

　　特此公告。

　　附件:海关年报事项[1]

市场监管总局
海关总署
2018年5月15日

---

[1] 本附件略。

中华人民共和国海关对免税商店及免税品监管办法

（2005年11月28日海关总署令第132号公布 根据2018年5月29日海关总署令第240号《海关总署关于修改部分规章的决定》第一次修正 根据2023年3月9日海关总署令第262号《海关总署关于修改部分规章的决定》第二次修正）

第一章 总 则

第一条 为规范海关对免税商店及免税品的监管，根据《中华人民共和国海关法》及其他有关法律和行政法规的规定，制定本办法。

第二条 免税商店的经营、终止以及免税品的进口、销售（包括无偿提供）、核销等适用本办法。

第三条 免税品应当由免税商店的经营单位统一进口，并且办理相应的海关手续。

第四条 免税品的维修零配件、工具、展台、货架等，以及免税商店转入内销的库存积压免税品，应当由经营单位按照一般进口货物办理有关手续。

第五条 免税商店所在地的直属海关或者经直属海关授权的隶属海关（以下统称主管海关）应当派员对经营单位和免税商店进行核查，核查内容包括经营资质、免税品进出库记录、销售记录、库存记录等。经营单位及其免税商店应当提供必要的协助。

第六条 主管海关根据工作需要可以派员驻免税商店进行监管，

免税商店应当提供必要的办公条件。

第二章 免税商店的经营和终止

第七条 经营单位经营免税商店，应当向海关总署提出书面申请，并且符合以下条件：

（一）具有独立法人资格；

（二）具备符合海关监管要求的免税品销售场所及免税品监管仓库；

（三）具备符合海关监管要求的计算机管理系统，能够向海关提供免税品出入库、销售等信息；

（四）具备一定的经营规模，其中申请经营口岸免税商店的，口岸免税商店所在的口岸年进出境人员应当不少于5万人次；

（五）具备包括合作协议、经营模式、法人代表等内容完备的企业章程和完备的内部财务管理制度；

（六）有关法律、行政法规、海关规章规定的其他条件。

第八条 海关总署按照《中华人民共和国行政许可法》及《中华人民共和国海关行政许可管理办法》规定的程序和期限办理免税商店经营许可事项。

第九条 免税品销售场所应当符合海关监管要求。口岸免税商店的销售场所应当设在口岸隔离区内；运输工具免税商店的销售场所应当设在从事国际运营的运输工具内；市内免税商店的销售提货点应当设在口岸出境隔离区内。

第十条 免税品监管仓库应当符合以下条件和要求：

（一）具备符合海关监管要求的安全隔离设施；

（二）建立专门的仓库管理制度，编制月度进、出、存情况表，并且配备专职仓库管理员，报海关备案；

（三）只允许存放所属免税商店的免税品；

（四）符合国家有关法律、行政法规、海关规章规定的其他条件和要求。

第十一条　经审批准予经营的免税商店，应当在开展经营业务一个月前向主管海关提出验收申请。经主管海关验收合格后，向主管海关办理备案手续，并且提交下列材料：

（一）免税品经营场所和监管仓库平面图、面积和位置示意图；

（二）免税商店业务专用章印模。

上述材料所载内容发生变更的，应当自变更之日起10个工作日内到主管海关办理变更手续。

第十二条　经营单位申请暂停、终止或者恢复其免税商店经营需要报经海关总署批准。免税商店应当在经营单位提出暂停或者终止经营申请前办理库存免税品结案等相关海关手续。

经审批准予经营的免税商店，自批准之日起一年内无正当理由未对外营业的，或者暂停经营一年以上的，或者变更经营合作方的，应当按照本办法第七条规定重新办理有关申请手续。

第十三条　更改免税商店名称、免税品销售场所或者监管仓库地址或者面积，应当由经营单位报经海关总署批准。

第三章　免税品进口、入出库和调拨

第十四条　经营单位为免税商店进口免税品，应当填写《中华人民共和国海关进口货物报关单》，并且加盖经营单位在主管海关备案的报关专用章，向主管海关办理免税品进口手续。

免税品从异地进口的，经营单位应当按照《中华人民共和国海关对转关运输货物监管办法》的有关规定，将免税品转关运输至主管海关办理进口手续。

第十五条　免税品进入监管仓库，免税商店应当填写《免税品入/出监管仓库准单》，并且随附其他有关单证，向主管海关提出申请。主管海关经审核无误，监管免税品入库。

未经海关批准，免税品入库后不得进行加工或者组装。

第十六条 免税商店将免税品调出监管仓库进入经营场所前，应当填写《免税品入/出监管仓库准单》，向主管海关提出申请。主管海关经审核无误，监管有关免税品从监管仓库调出进入销售场所。

第十七条 免税商店之间调拨免税品的，调入地免税商店应当填写《免税品调拨准单》，向其主管海关提出申请。经批准后，调出地免税商店按照《中华人民共和国海关对转关货物监管办法》的规定，将免税品转关运输至调入地免税商店。

第四章 免税品销售

第十八条 免税商店销售的免税进口烟草制品和酒精饮料内、外包装的显著位置上均应当加印"中国关税未付（China Duty Not Paid）"中、英文字样。

免税商店应当按照海关要求制作免税品销售发货单据，其中口岸免税商店应当在免税品销售发货单据上填写进出境旅客搭乘运输工具凭证或者其进出境有效证件信息等有关内容。

第十九条 口岸免税商店的销售对象限于已办结出境手续、即将前往境外的旅客，以及尚未办理进境手续的旅客。免税商店应当凭其搭乘运输工具的凭证或者其进出境的有效证件销售免税品。

第二十条 运输工具免税商店销售对象限于搭乘进出境运输工具的进出境旅客。免税商店销售免税品限运输工具在国际（地区）航行期间经营。免税商店应当向主管海关交验由运输工具负责人或者其代理人签字的《免税品销售明细单》。

第二十一条 市内免税商店的销售对象限于即将出境的境外人员，免税商店凭其出境有效证件及机（船、车）票销售免税品，并且应当在口岸隔离区内将免税品交付购买人员本人携带出境。

第二十二条　外交人员免税商店的销售对象限于外国驻华外交代表和领事机构及其外交人员和领事官员，以及其他享受外交特权和豁免的机构和人员，免税商店应当凭上述机构和人员所在地的直属海关或者经直属海关授权的隶属海关按照有关规定核准的限量、限值销售免税品。

第二十三条　供船免税商店的销售对象限于出境的国际（地区）航行船舶及船员。供船免税商店应当向主管海关提出供船申请，填写《免税品供船准单》，在海关监管下进行国际（地区）船舶的供船工作。

第五章　免税品报损和核销

第二十四条　免税品在办理入库手续期间发生溢卸或者短缺的，免税商店应当及时向主管海关书面报告。主管海关核实无误后出具查验记录，准予免税商店修改免税品入/出监管仓库准单相关数据内容。

第二十五条　免税品在储存或者销售期间发生损毁或者灭失的，免税商店应当及时向主管海关书面报告。如果由不可抗力造成的，免税商店应当填写《免税品报损准单》，主管海关核实无误后准予免税结案。

免税品在储存或者销售期间由于其他原因发生损毁或者灭失的，免税商店应当依法缴纳损毁或者灭失免税品的税款。

第二十六条　免税品如果发生过期不能使用或者变质的，免税商店应当向主管海关书面报告，并且填写《免税品报损准单》。主管海关查验核准后，准予退运或者在海关监督下销毁。

除前款规定情形外，免税品需要退运的，免税商店应当向主管海关办理相关海关手续。

第二十七条 免税商店应当建立专门账册，并且在每季度第一个月 25 日前将上季度免税品入库、出库、销售、库存、调拨、损毁、灭失、过期等情况编制清单，填写《免税品明细账》，随附销售发货单、《免税品库存数量单》等有关单据，向主管海关办理免税品核销手续。主管海关认为必要时可以派员到免税品经营场所和监管仓库实地检查。

第六章　法律责任

第二十八条 经营单位或者免税商店有下列情形之一的，海关责令其改正，可以给予警告；情节严重的，可以按照《中华人民共和国海关行政处罚实施条例》第二十六条、第二十七条的规定进行处理：

（一）将免税品销售给规定范围以外对象的；

（二）超出海关核准的品种或规定的限量、限值销售免税品的；

（三）未在规定的区域销售免税品的；

（四）未按照规定办理免税品进口报关、入库、出库、销售、核销等手续的；

（五）出租、出让、转让免税商店经营权的。

第二十九条 经营单位或者免税商店违反本规定的其他违法行为，海关将按照《中华人民共和国海关法》、《中华人民共和国海关行政处罚实施条例》予以处理；构成犯罪的，依法追究刑事责任。

第七章　附　则

第三十条 本办法下列用语的含义：

"经营单位"是指经国务院或者其授权部门批准，具备开展免税品业务经营资格的企业。

"免税商店"是指经国务院有关部门批准设立，经海关总署批准经营，向规定的对象销售免税品的企业。具体包括：口岸免税商店、运输工具免税商店、市内免税商店、外交人员免税商店和供船免税商店等。

"免税品"是指经营单位按照海关总署核准的经营品种，免税运进专供免税商店向规定的对象销售的进口商品，包括试用品及进口赠品。

"免税品销售场所"是指免税商店销售免税品的专用场所。

"免税品监管仓库"是指免税商店专门用来存放免税品的库房。

第三十一条　本办法所规定的文书由海关总署另行制定并且发布。

第三十二条　本办法由海关总署负责解释。

第三十三条　本办法自2006年1月1日起施行。

附件：废止文件清单[1]

1　本附件略。

进出境中药材检疫监督管理办法

（2015年10月21日国家质量监督检验检疫总局令第169号公布　根据2018年4月28日海关总署令第238号《海关总署关于修改部分规章的决定》第一次修正　根据2018年5月29日海关总署令第240号《海关总署关于修改部分规章的决定》第二次修正　根据2018年11月23日海关总署令第243号《海关总署关于修改部分规章的决定》第三次修正）

第一章　总　则

第一条　为加强进出境中药材检疫监督管理工作，防止动植物疫病疫情传入传出国境，保护农、林、牧、渔业生产和人体健康，保护生态安全，根据《中华人民共和国进出境动植物检疫法》及其实施条例等法律法规的规定，制定本办法。

第二条　本办法所称中药材是指药用植物、动物的药用部分，采收后经初加工形成的原料药材。

第三条　本办法适用于申报为药用的进出境中药材检疫及监督管理。

申报为食用的进出境中药材检验检疫及监督管理按照海关总署有关进出口食品的规定执行。

第四条　海关总署统一管理全国进出境中药材检疫及监督管理工作。

主管海关负责所辖地区的进出境中药材检疫及监督管理工作。

第五条　海关总署对进出境中药材实施用途申报制度。中药材进出境时，企业应当向主管海关申报预期用途，明确"药用"或者"食用"。

申报为"药用"的中药材应为列入《中华人民共和国药典》药材目录的物品。申报为"食用"的中药材应为国家法律、行政法规、规章、文件规定可用于食品的物品。

第六条　海关总署对进出境中药材实施风险管理；对向中国境内输出中药材的境外生产、加工、存放单位（以下简称境外生产企业）实施注册登记管理；按照输入国家或者地区的要求对出境中药材生产、加工、存放单位（以下简称出境生产企业）实施注册登记管理；对进出境中药材生产、经营企业实行诚信管理等。

第七条　进出境中药材企业应当依照法律、行政法规和有关标准从事生产、加工、经营活动，承担防疫主体责任，对社会和公众负责，保证进出境中药材安全，主动接受监督，承担社会责任。

第二章　进境检疫监管

第八条　海关总署对进境中药材实施检疫准入制度，包括产品风险分析、监管体系评估与审查、确定检疫要求、境外生产企业注册登记以及进境检疫等。

第九条　海关总署对首次向中国输出中药材的国家或者地区进行产品风险分析、监管体系评估，对已有贸易的国家和地区进行回顾性审查。

海关总署根据风险分析、评估审查结果，与输出国家或者地区主管部门协商确定向中国输出中药材的检疫要求，商签有关议定书，确定检疫证书。

海关总署负责制定、调整并在海关总署网站公布允许进境中药材的国家或者地区名单以及产品种类。

第十条　海关总署根据风险分析的结果，确定需要实施境外生产、加工、存放单位注册登记的中药材品种目录，并实施动态调整。注册登记评审程序和技术要求由海关总署另行制定、发布。

海关总署对列入目录的中药材境外生产企业实施注册登记。注册登记有效期为4年。

第十一条　境外生产企业应当符合输出国家或者地区法律法规的要求，并符合中国国家技术规范的强制性要求。

第十二条　输出国家或者地区主管部门在境外生产企业申请向中国注册登记时，需对其进行审查，符合本办法第十条、第十一条相关规定后，向海关总署推荐，并提交下列中文或者中英文对照材料：

（一）所在国家或者地区相关的动植物疫情、兽医卫生、公共卫生、植物保护、企业注册管理等方面的法律法规，所在国家或者地区主管部门机构设置和人员情况及法律法规执行等方面的书面资料；

（二）申请注册登记的境外生产企业名单；

（三）所在国家或者地区主管部门对其推荐企业的防疫、卫生控制实际情况的评估结论；

（四）所在国家或者地区主管部门对其推荐的企业符合中国法律法规要求的声明；

（五）企业注册申请书，厂区、车间、仓库的平面图、工艺流程图、动物或者植物检疫防控体系文件、防疫消毒处理设施照片、废弃物和包装物无害化处理设施照片等。

第十三条　海关总署收到推荐材料并经书面审查合格后，经与输出国家或者地区主管部门协商，可以派员到输出国家或者地区对其监管体系进行评估，对申请注册登记的境外生产企业进行检查。

经检查符合要求的申请企业，予以注册登记。

第十四条　已取得注册登记需延续的境外生产企业，由输出国家或者地区主管部门在有效期届满6个月前，按本办法第十二条规定向海关总署提出申请。海关总署可以派员到输出国家或者地区对其监管体系进行回顾性审查，并对申请的境外生产企业进行检查。

对回顾性审查符合要求的国家或者地区，经检查符合要求的境外生产企业，予以注册登记，有效期延长4年。

第十五条 进境中药材需办理进境动植物检疫审批的，货主或者其代理人应当在签订贸易合同前，按照进境动植物检疫审批管理办法的规定取得《中华人民共和国进境动植物检疫许可证》。

第十六条 海关总署可以根据实际需要，并商输出中药材国家或者地区政府主管部门同意，派员到输出国家或者地区进行预检。

第十七条 中药材进境前或者进境时，货主或者其代理人应当凭下列材料，向进境口岸海关报检：

（一）输出国家或者地区官方出具的符合海关总署要求的检疫证书；

（二）原产地证明、贸易合同、提单、装箱单、发票。

第十八条 海关对货主或者其代理人提交的相关单证进行审核，符合要求的，受理报检。

无输出国家或者地区政府动植物检疫机构出具的有效检疫证书，需要注册登记未按要求办理注册登记的，或者未依法办理检疫审批手续的，海关可以根据具体情况，作退回或者销毁处理。

第十九条 对进境中药材，海关按照中国法律法规规定和国家强制性标准要求，进境动植物检疫许可证列明的要求，以及本办法第九条确定的检疫要求实施检疫。

第二十条 进境口岸海关应当按照下列规定实施现场检疫：

（一）查询启运时间和港口、途经国家或者地区、装载清单等，核对单证是否真实有效，单证与货物的名称、数（重）量、输出国家或者地区、唛头、标记、境外生产企业名称、注册登记号等是否相符；

（二）包装是否完好，是否带有动植物性包装、铺垫材料，并符合《中华人民共和国进出境动植物检疫法》及其实施条例、进境货物木质包装检疫监督管理办法的规定；

（三）中药材有无腐败变质现象，有无携带有害生物、动物排泄物或者其他动物组织等，有无携带动物尸体、土壤及其他禁止进境物。

第二十一条　现场查验有下列情形之一的，海关签发检疫处理通知书，并作相应检疫处理：

（一）属于法律法规禁止进境的、带有禁止进境物的、货证不符的、发现严重腐败变质的作退回或者销毁处理；

（二）对包装破损的，由货主或者其代理人负责整理完好，方可卸离运输工具。海关对受污染的场地、物品、器具进行检疫处理；

（三）带有有害生物、动物排泄物或者其他动物组织等的，按照有关规定进行检疫处理；

（四）对受到病虫害污染或者疑似受到病虫害污染的，封存有关货物，对被污染的货物、装卸工具、场地进行消毒处理。

第二十二条　现场检疫中发现病虫害、病虫为害症状，或者根据相关工作程序需进行实验室检疫的，海关应当对进境中药材采样，并送实验室。

第二十三条　中药材在取得检疫合格证明前，应当存放在海关认可的地点，未经海关许可，任何单位和个人不得擅自调离、销售、加工。

《进境动植物检疫许可证》列明该产品由目的地海关实施检疫、加工监管，口岸海关验证查验并做外包装消毒处理后，出具《入境货物调离通知单》，收货人或者其代理人在规定时限内向目的地海关申请检疫。未经检疫，不得销售、加工。

需要进境检疫审批的进境中药材应当在检疫审批许可列明的指定企业中存放和加工。

第二十四条　进境中药材经检疫合格，海关出具入境货物检验检疫证明后，方可销售、使用或者在指定企业存放、加工。入境货物检验检疫证明均应列明货物的名称、原产国家或者地区、数/重量、生产批号/生产日期、用途等。

第二十五条　检疫不合格的，海关签发检疫处理通知书，由货主或者其代理人在海关的监督下，作除害、退回或者销毁处理，经除害处理合格的准予进境。

需要由海关出证索赔的，海关按照规定签发相关检疫证书。

第二十六条　装运进境中药材的运输工具和集装箱应当符合安全卫生要求。需要实施防疫消毒处理的，应当在进境口岸海关的监督下实施防疫消毒处理。未经海关许可，不得将进境中药材卸离运输工具、集装箱或者运递。

第二十七条　境内货主或者其代理人应当建立中药材进境和销售、加工记录制度，做好相关记录并至少保存2年。同时应当配备中药材防疫安全管理人员，建立中药材防疫管理制度。

第三章　出境检疫监管

第二十八条　出境中药材应当符合中国政府与输入国家或者地区签订的检疫协议、议定书、备忘录等规定，以及进境国家或者地区的标准或者合同要求。

第二十九条　出境生产企业应当达到输入国家或者地区法律法规的相关要求，并符合中国有关法律法规规定。

第三十条　出境生产企业应当建立完善的防疫体系和溯源管理制度。

出境生产企业应当建立原料、包装材料等进货采购、验收记录、生产加工记录、出厂检验记录、出入库记录等,详细记录出境中药材生产加工全过程的防疫管理和产品溯源情况。

上述记录应当真实,保存期限不得少于2年。

出境生产企业应当配备检疫管理人员,明确防疫责任人。

第三十一条　输入国家或者地区要求对向其输出中药材的出境生产企业注册登记的,海关实行注册登记。注册登记有效期为4年。

第三十二条　出境生产企业申请注册登记时,应当提交下列材料:

(一)《出境中药材生产企业检疫注册登记申请表》;

(二)厂区平面图,并提供重点区域的照片或者视频资料;

(三)产品加工工艺。

第三十三条　所在地直属海关对出境生产企业的申请,应当根据下列情况分别作出处理:

(一)申请材料齐全、符合法定形式或者申请人按照要求提交全部补正申请材料的,应当受理申请;

(二)申请材料存在可以当场更正的错误的,应当允许申请人当场更正;

(三)申请材料不齐全或者不符合法定形式的,应当当场或者在5个工作日内一次告知申请人需要补正的全部内容,逾期不告知的,自收到申请材料之日起即为受理。

直属海关受理或者不予受理申请,应当出具加盖本行政机关专用印章和注明日期的书面凭证。

第三十四条　直属海关应当在受理申请后组成评审组,对提出申请的出境生产企业进行现场评审。评审组应当在现场评审结束后及时向直属海关提交评审报告。

第三十五条　直属海关应当自受理申请之日起20日内对申请人的申请事项作出是否准予注册登记的决定;准予注册登记的,颁发注册登记证。

直属海关自受理申请之日起20日内不能作出决定的，经直属海关负责人批准，可以延长10日，并应当将延长期限的理由告知申请人。

第三十六条　注册登记出境生产企业变更企业名称、法定代表人、产品种类、存放、生产加工能力等，应当在变更后30日内向直属海关提出书面申请，填写《出境中药材生产企业检疫注册登记申请表》，并提交与变更内容相关的资料。

变更企业名称、法定代表人的，由直属海关审核有关资料后，直接办理变更手续。

变更产品种类或者生产能力的，由直属海关审核有关资料并组织现场评审，评审合格后，办理变更手续。

企业迁址的，应当重新向直属海关申请办理注册登记手续。

第三十七条　需要向境外推荐注册的，直属海关应当将通过初审的出境生产企业名单上报海关总署。海关总署组织评估，统一向输入国家或者地区主管部门推荐并办理有关手续。

第三十八条　出境中药材的货主或者其代理人应当向中药材生产企业所在地海关报检，报检时，需如实申报产品的预期用途，并提交以下材料：

（一）合同、发票、装箱单；

（二）生产企业出具的出厂合格证明；

（三）产品符合进境国家或者地区动植物检疫要求的书面声明。

第三十九条　海关应当按照本办法第二十八条规定对出境中药材实施检疫监管。

出境中药材经检疫合格或者经除害处理合格的，海关应当按照规定出具有关检疫证单，准予出境。

检疫不合格又无有效方法作除害处理的，不准出境。

第四十条 海关可以根据海关总署相关要求，结合所辖地区中药材出境情况、输入国家或者地区要求、生产企业管理能力和水平、生产企业的诚信度，以及风险监测等因素，在风险分析的基础上，对辖区出境中药材和生产企业实施分类管理。

第四章 监督管理

第四十一条 海关对进出境中药材的生产、加工、存放过程实施检疫监督。

第四十二条 海关总署对进出境中药材实施动植物疫病疫情监测。

主管海关在监测中发现问题时，应当及时按规定处置和报告。

第四十三条 进境中药材的货主或者其代理人和出境中药材生产企业应当建立疫情信息报告制度和应急处置方案。发现疫情信息应当及时向海关报告并积极配合海关进行疫情处置。

第四十四条 海关总署根据获得的风险信息，在风险分析的基础上，发布风险预警信息通报，并决定对相关产品采取以下控制措施：

（一）有条件地限制进境或者出境，包括严密监控、加严检疫等；

（二）禁止进境或者出境，就地销毁或者作退运处理；

（三）撤销生产企业注册登记资格；

（四）启动有关应急处置预案。

主管海关负责组织实施风险预警及控制措施。

第四十五条 海关总署可以参照国际通行做法，对不确定的风险直接发布风险预警通告，并采取本办法第四十四条规定的控制措施。同时及时收集和补充有关信息和资料，进行风险分析。

第四十六条 进出境中药材疫情风险已消除或者降低到可接受

的程度时，海关总署应当及时解除风险预警通报或者风险预警通告以及控制措施。

第四十七条　海关对中药材进出境检疫中发现的疫情，特别是重大疫情，应当按照进出境重大动植物疫情应急处置预案进行处置。

第四十八条　海关应当将进出境中药材的货主或者其代理人以及境内外生产企业纳入诚信管理。

第五章　法律责任

第四十九条　进出境中药材货主或者其代理人，有下列违法行为之一的，海关应当按照《中华人民共和国动植物检疫法》第四十条，《中华人民共和国动植物检疫法实施条例》第五十九条之规定，予以处罚：

（一）未报检或者未依法办理检疫审批手续或者未按检疫审批的规定执行的；

（二）报检的中药材与实际不符的。

第五十条　有下列违法行为之一的，海关应当按照《中华人民共和国动植物检疫法实施条例》第六十条之规定，予以处罚：

（一）未经海关许可擅自将进境中药材卸离运输工具或者运递的；

（二）擅自开拆、损毁动植物检疫封识或者标志的。

第五十一条　有下列违法行为之一的，依法追究刑事责任；尚不构成犯罪或者犯罪情节显著轻微依法不需要判处刑罚的，海关应当按照《中华人民共和国动植物检疫法实施条例》第六十二条之规定，予以处罚：

（一）引起重大动植物疫情的；

（二）伪造、变造检验检疫单证、印章、标志、封识的。

第五十二条　海关工作人员在对进出境中药材实施检疫和监督

管理工作中滥用职权，故意刁难当事人的，徇私舞弊，伪造检验检疫结果的，或者玩忽职守，延误检验检疫出证的，依法给予行政处分；构成犯罪的，依法追究刑事责任。

第六章　附　则

第五十三条　进出境中药材涉及野生或者濒危保护动物、植物的，应当符合我国或者相关国家或者地区有关法律法规要求。

第五十四条　以国际快递、邮寄和旅客携带方式进出境中药材的，应当符合相关规定。

第五十五条　过境中药材的检疫按照《中华人民共和国进出境动植物检疫法》及其实施条例办理。

第五十六条　本办法由海关总署负责解释。

第五十七条　本办法自2015年12月1日起施行。

关于发布《出口食品生产企业申请境外注册管理办法》的公告

（海关总署公告 2021 年第 87 号）

为维护我国出口食品生产企业合法权益，规范出口食品生产企业申请境外注册管理工作，海关总署对《出口食品生产企业申请国外卫生注册管理办法》进行了修订，形成了《出口食品生产企业申请境外注册管理办法》，现予以公布。

特此公告。

海关总署

2021 年 10 月 29 日

出口食品生产企业申请境外注册管理办法

第一章 总 则

第一条 为维护我国出口食品生产企业合法权益，规范出口食品生产企业申请境外注册管理工作，根据《中华人民共和国食品安全法》《中华人民共和国进出口商品检验法》和《中华人民共和国进出口食品安全管理办法》等法律法规、部门规章的规定，制定本办法。

第二条 境外国家（地区）对中国输往该国家（地区）的出口食品生产企业实施注册管理且要求海关总署推荐的，海关总署统一向该国家（地区）主管当局推荐。

第三条 境外国家（地区）有注册要求的，出口食品生产企业及其产品应当先获得该国家（地区）主管当局注册批准，其产品方能出口。企业注册信息情况以进口国家（地区）公布为准。

第二章 注册条件和程序

第四条 出口食品生产企业申请境外注册应当具备下列条件：

（一）已完成出口食品生产企业备案手续；

（二）建立完善可追溯的食品安全卫生控制体系，保证食品安全卫生控制体系有效运行，确保出口食品生产、加工、贮存过程持续符合中国相关法律法规、出口食品生产企业安全卫生要求；

（三）进口国家（地区）相关法律法规和相关国际条约、协定有特殊要求的，还应当符合相关要求；

（四）切实履行企业主体责任，诚信自律、规范经营，且信用状况为非海关失信企业；

（五）一年内未因企业自身安全卫生方面的问题被进口国（地区）主管当局通报。

第五条 出口食品生产企业申请境外注册时，应当通过信息化系统向住所地海关提出申请，提供以下申请材料并对其真实性负责：

（一）出口食品生产企业境外注册申请书（见附件1）；

（二）出口食品生产企业申请境外注册自我评估表（见附件2）；

（三）企业生产条件（包括但不限于厂区布局图、车间平面图、人流/物流图、水流/气流图、关键工序图片等）、生产工艺等基本情况；

（四）企业建立的可追溯的食品安全卫生控制体系文件；

（五）进口国家（地区）要求的随附资料。

第六条 海关根据企业申请组织评审，结合企业信用、监督管理、出口食品安全等情况，符合条件的向进口国家（地区）主管当局推荐。

第七条 需经进口国家（地区）主管当局现场检查合格方能获得注册资格的，出口食品生产企业应当按照进口国家（地区）的要求配合做好相关检查工作。

第三章 注册管理

第八条 已获得境外注册企业的注册信息发生变更的，应当及时向住所地海关申请注册信息变更，由海关总署通报进口国家（地区）。企业注册信息变更情况以进口国家（地区）公布为准。

第九条 已获得境外注册企业发生新建、改（扩）建生产车间或食品安全卫生控制体系发生重大变化的，应当及时向住所地海关报告。

根据进口国家（地区）注册要求，必须由进口国家（地区）主管当局批准后方能改（扩）建的，企业应当在事前向住所地海关报送改（扩）建方案，待进口国家（地区）主管当局批准后方可实施。改造完毕后，企业应当向住所地海关提交报告，由海关总署通报进口国家（地区）主管当局。

第十条 已获得境外注册企业发生下列情形之一的，应当重新办理注册，企业注册情况以进口国家（地区）公布为准：

（一）生产场所迁址的；

（二）已注册的产品范围发生变化且进口国家（地区）主管当局要求重新注册的；

（三）已注册国家（地区）主管当局要求重新注册的其他情形。

第十一条 已获境外注册的出口食品生产企业有下列情形之一的，由海关总署撤回向进口国家（地区）主管当局的注册推荐：

（一）企业主动申请取消注册的；

（二）企业依法终止的；

（三）出口食品生产企业备案已注销的；

（四）企业拒绝接受进口国家（地区）官方检查或未按进口国家（地区）主管当局要求进行整改及提供相关材料的；

（五）企业不能持续符合境外注册要求的；

（六）其他依法依规应当撤回向进口国家（地区）主管当局注册推荐的情形。

企业因第（四）、（五）项规定之情形被海关总署撤回境外注册推荐的，两年内不得重新提出申请。

第十二条 获得境外注册的企业，应当每年就是否能够持续符合进口国家（地区）注册条件进行自我评定，并向住所地海关报告。

第十三条 获得境外注册的企业，应当接受进口国家（地区）主管当局和海关实施的监督检查，如实提供有关情况和材料。

第四章 附 则

第十四条 本办法所称的出口食品生产企业不包括出口食品添加剂、食品相关产品的生产、加工、储存企业。

第十五条 进口国家（地区）法律法规、多双边协议规定的其他类型食品生产单位（如渔船）的境外注册管理，参照本办法办理。

第十六条 本办法由海关总署负责解释。

第十七条 本办法自2022年1月1日起施行。国家认证认可监督管理委员会于2002年12月19日发布的《出口食品生产企业申请国外卫生注册管理办法》同时废止。

附件[1]：1. 出口食品生产企业境外注册申请书
　　　　2. 出口食品生产企业申请境外注册自我评估表

---

1 本附件略。

关于公布《海关高级认证企业标准》涉税要素申报规范认定标准的公告

（海关总署公告 2022 年第 114 号）

现将《海关高级认证企业标准》（海关总署公告 2022 年第 106 号公布）中涉税要素申报规范指标的认定标准公告如下：

一、涉税要素申报规范，是指进出口货物收发货人履行合规自主申报、自行缴税主体责任，按照海关相关规定，真实、准确、完整、规范申报商品名称、规格型号、税则号列、价格、原产国等涉税要素，确保税款应缴尽缴。

二、海关按照下列情形，对新申请高级认证企业的涉税要素申报规范标准是否达标进行认定：

（一）海关未发现企业存在《涉税要素申报规范认定标准》（以下简称《认定标准》，详见附件）项目中"认定存在不规范问题"情形的，企业的涉税要素申报规范标准为达标。

（二）海关发现企业存在《认定标准》项目中以少缴税款为认定标准的"认定存在不规范问题"情形，相关项目指标不达标；但企业未造成少缴税款，或者少缴税款金额累计未超过10万元的，相关项目指标为达标。

（三）海关发现企业存在《认定标准》项目中不以少缴税款为认定标准的"认定存在不规范问题"情形，相关项目指标为不达标。

三、复核的高级认证企业，涉税要素申报规范标准的认定与新申请高级认证企业相同。

特此公告。

附件：涉税要素申报规范认定标准[1]

海关总署

2022年11月17日

---

[1] 本附件略。

中华人民共和国进出口食品安全管理办法

（2021年3月12日海关总署令第249号公布
自2022年1月1日起实施）

第一章 总 则

第一条 为了保障进出口食品安全，保护人类、动植物生命和健康，根据《中华人民共和国食品安全法》（以下简称《食品安全法》）及其实施条例、《中华人民共和国海关法》《中华人民共和国进出口商品检验法》及其实施条例、《中华人民共和国进出境动植物检疫法》及其实施条例、《中华人民共和国国境卫生检疫法》及其实施细则、《中华人民共和国农产品质量安全法》和《国务院关于加强食品等产品安全监督管理的特别规定》等法律、行政法规的规定，制定本办法。

第二条 从事下列活动，应当遵守本办法：

（一）进出口食品生产经营活动；

（二）海关对进出口食品生产经营者及其进出口食品安全实施监督管理。

进出口食品添加剂、食品相关产品的生产经营活动按照海关总署相关规定执行。

第三条 进出口食品安全工作坚持安全第一、预防为主、风险管理、全程控制、国际共治的原则。

第四条 进出口食品生产经营者对其生产经营的进出口食品安全负责。

进出口食品生产经营者应当依照中国缔结或者参加的国际条约、协定，中国法律法规和食品安全国家标准从事进出口食品生产经营活动，依法接受监督管理，保证进出口食品安全，对社会和公众负责，承担社会责任。

第五条 海关总署主管全国进出口食品安全监督管理工作。

各级海关负责所辖区域进出口食品安全监督管理工作。

第六条 海关运用信息化手段提升进出口食品安全监督管理水平。

第七条 海关加强进出口食品安全的宣传教育，开展食品安全法律、行政法规以及食品安全国家标准和知识的普及工作。

海关加强与食品安全国际组织、境外政府机构、境外食品行业协会、境外消费者协会等交流与合作，营造进出口食品安全国际共治格局。

第八条 海关从事进出口食品安全监督管理的人员应当具备相关专业知识。

第二章 食品进口

第九条 进口食品应当符合中国法律法规和食品安全国家标准，中国缔结或者参加的国际条约、协定有特殊要求的，还应当符合国际条约、协定的要求。

进口尚无食品安全国家标准的食品，应当符合国务院卫生行政部门公布的暂予适用的相关标准要求。

利用新的食品原料生产的食品，应当依照《食品安全法》第三十七条的规定，取得国务院卫生行政部门新食品原料卫生行政许可。

第十条 海关依据进出口商品检验相关法律、行政法规的规定对进口食品实施合格评定。

进口食品合格评定活动包括：向中国境内出口食品的境外国家

（地区）〔以下简称境外国家（地区）〕食品安全管理体系评估和审查、境外生产企业注册、进出口商备案和合格保证、进境动植物检疫审批、随附合格证明检查、单证审核、现场查验、监督抽检、进口和销售记录检查以及各项的组合。

第十一条　海关总署可以对境外国家（地区）的食品安全管理体系和食品安全状况开展评估和审查，并根据评估和审查结果，确定相应的检验检疫要求。

第十二条　有下列情形之一的，海关总署可以对境外国家（地区）启动评估和审查：

（一）境外国家（地区）申请向中国首次输出某类（种）食品的；

（二）境外国家（地区）食品安全、动植物检疫法律法规、组织机构等发生重大调整的；

（三）境外国家（地区）主管部门申请对其输往中国某类（种）食品的检验检疫要求发生重大调整的；

（四）境外国家（地区）发生重大动植物疫情或者食品安全事件的；

（五）海关在输华食品中发现严重问题，认为存在动植物疫情或者食品安全隐患的；

（六）其他需要开展评估和审查的情形。

第十三条　境外国家（地区）食品安全管理体系评估和审查主要包括对以下内容的评估、确认：

（一）食品安全、动植物检疫相关法律法规；

（二）食品安全监督管理组织机构；

（三）动植物疫情流行情况及防控措施；

（四）致病微生物、农兽药和污染物等管理和控制；

（五）食品生产加工、运输仓储环节安全卫生控制；

（六）出口食品安全监督管理；

（七）食品安全防护、追溯和召回体系；

（八）预警和应急机制；

（九）技术支撑能力；

（十）其他涉及动植物疫情、食品安全的情况。

第十四条 海关总署可以组织专家通过资料审查、视频检查、现场检查等形式及其组合，实施评估和审查。

第十五条 海关总署组织专家对接受评估和审查的国家（地区）递交的申请资料、书面评估问卷等资料实施审查，审查内容包括资料的真实性、完整性和有效性。根据资料审查情况，海关总署可以要求相关国家（地区）的主管部门补充缺少的信息或者资料。

对已通过资料审查的国家（地区），海关总署可以组织专家对其食品安全管理体系实施视频检查或者现场检查。对发现的问题可以要求相关国家（地区）主管部门及相关企业实施整改。

相关国家（地区）应当为评估和审查提供必要的协助。

第十六条 接受评估和审查的国家（地区）有下列情形之一，海关总署可以终止评估和审查，并通知相关国家（地区）主管部门：

（一）收到书面评估问卷12个月内未反馈的；

（二）收到海关总署补充信息和材料的通知3个月内未按要求提供的；

（三）突发重大动植物疫情或者重大食品安全事件的；

（四）未能配合中方完成视频检查或者现场检查、未能有效完成整改的；

（五）主动申请终止评估和审查的。

前款第一、二项情形，相关国家（地区）主管部门因特殊原因可以申请延期，经海关总署同意，按照海关总署重新确定的期限递交相关材料。

第十七条 评估和审查完成后，海关总署向接受评估和审查的国家（地区）主管部门通报评估和审查结果。

第十八条 海关总署对向中国境内出口食品的境外生产企业实施注册管理，并公布获得注册的企业名单。

第十九条 向中国境内出口食品的境外出口商或者代理商（以下简称"境外出口商或者代理商"）应当向海关总署备案。

食品进口商应当向其住所地海关备案。

境外出口商或者代理商、食品进口商办理备案时，应当对其提供资料的真实性、有效性负责。

境外出口商或者代理商、食品进口商备案名单由海关总署公布。

第二十条 境外出口商或者代理商、食品进口商备案内容发生变更的，应当在变更发生之日起60日内，向备案机关办理变更手续。

海关发现境外出口商或者代理商、食品进口商备案信息错误或者备案内容未及时变更的，可以责令其在规定期限内更正。

第二十一条 食品进口商应当建立食品进口和销售记录制度，如实记录食品名称、净含量/规格、数量、生产日期、生产或者进口批号、保质期、境外出口商和购货者名称、地址及联系方式、交货日期等内容，并保存相关凭证。记录和凭证保存期限不得少于食品保质期满后6个月；没有明确保质期的，保存期限为销售后2年以上。

第二十二条 食品进口商应当建立境外出口商、境外生产企业审核制度，重点审核下列内容：

（一）制定和执行食品安全风险控制措施情况；

（二）保证食品符合中国法律法规和食品安全国家标准的情况。

第二十三条 海关依法对食品进口商实施审核活动的情况进行监督检查。食品进口商应当积极配合，如实提供相关情况和材料。

第二十四条 海关可以根据风险管理需要，对进口食品实施指定口岸进口，指定监管场地检查。指定口岸、指定监管场地名单由海关总署公布。

第二十五条 食品进口商或者其代理人进口食品时应当依法向海关如实申报。

第二十六条 海关依法对应当实施入境检疫的进口食品实施检疫。

第二十七条 海关依法对需要进境动植物检疫审批的进口食品实施检疫审批管理。食品进口商应当在签订贸易合同或者协议前取得进境动植物检疫许可。

第二十八条 海关根据监督管理需要，对进口食品实施现场查验，现场查验包括但不限于以下内容：

（一）运输工具、存放场所是否符合安全卫生要求；

（二）集装箱号、封识号、内外包装上的标识内容、货物的实际状况是否与申报信息及随附单证相符；

（三）动植物源性食品、包装物及铺垫材料是否存在《进出境动植物检疫法实施条例》第二十二条规定的情况；

（四）内外包装是否符合食品安全国家标准，是否存在污染、破损、湿浸、渗透；

（五）内外包装的标签、标识及说明书是否符合法律、行政法规、食品安全国家标准以及海关总署规定的要求；

（六）食品感官性状是否符合该食品应有性状；

（七）冷冻冷藏食品的新鲜程度、中心温度是否符合要求、是否有病变、冷冻冷藏环境温度是否符合相关标准要求、冷链控温设备设施运作是否正常、温度记录是否符合要求，必要时可以进行蒸煮试验。

第二十九条 海关制定年度国家进口食品安全监督抽检计划和专项进口食品安全监督抽检计划，并组织实施。

第三十条　进口食品的包装和标签、标识应当符合中国法律法规和食品安全国家标准；依法应当有说明书的，还应当有中文说明书。

对于进口鲜冻肉类产品，内外包装上应当有牢固、清晰、易辨的中英文或者中文和出口国家（地区）文字标识，标明以下内容：产地国家（地区）、品名、生产企业注册编号、生产批号；外包装上应当以中文标明规格、产地（具体到州/省/市）、目的地、生产日期、保质期限、储存温度等内容，必须标注目的地为中华人民共和国，加施出口国家（地区）官方检验检疫标识。

对于进口水产品，内外包装上应当有牢固、清晰、易辨的中英文或者中文和出口国家（地区）文字标识，标明以下内容：商品名和学名、规格、生产日期、批号、保质期限和保存条件、生产方式（海水捕捞、淡水捕捞、养殖）、生产地区（海洋捕捞海域、淡水捕捞国家或者地区、养殖产品所在国家或者地区）、涉及的所有生产加工企业（含捕捞船、加工船、运输船、独立冷库）名称、注册编号及地址（具体到州/省/市），必须标注目的地为中华人民共和国。

进口保健食品、特殊膳食用食品的中文标签必须印制在最小销售包装上，不得加贴。

进口食品内外包装有特殊标识规定的，按照相关规定执行。

第三十一条　进口食品运达口岸后，应当存放在海关指定或者认可的场所；需要移动的，必须经海关允许，并按照海关要求采取必要的安全防护措施。

指定或者认可的场所应当符合法律、行政法规和食品安全国家标准规定的要求。

第三十二条　大宗散装进口食品应当按照海关要求在卸货口岸进行检验。

第三十三条　进口食品经海关合格评定合格的，准予进口。

进口食品经海关合格评定不合格的，由海关出具不合格证明；涉及安全、健康、环境保护项目不合格的，由海关书面通知食品进口商，责令其销毁或者退运；其他项目不合格的，经技术处理符合合格评定要求的，方准进口。相关进口食品不能在规定时间内完成技术处理或者经技术处理仍不合格的，由海关责令食品进口商销毁或者退运。

第三十四条 境外发生食品安全事件可能导致中国境内食品安全隐患，或者海关实施进口食品监督管理过程中发现不合格进口食品，或者发现其他食品安全问题的，海关总署和经授权的直属海关可以依据风险评估结果对相关进口食品实施提高监督抽检比例等控制措施。

海关依照前款规定对进口食品采取提高监督抽检比例等控制措施后，再次发现不合格进口食品，或者有证据显示进口食品存在重大安全隐患的，海关总署和经授权的直属海关可以要求食品进口商逐批向海关提交有资质的检验机构出具的检验报告。海关应当对食品进口商提供的检验报告进行验核。

第三十五条 有下列情形之一的，海关总署依据风险评估结果，可以对相关食品采取暂停或者禁止进口的控制措施：

（一）出口国家（地区）发生重大动植物疫情，或者食品安全体系发生重大变化，无法有效保证输华食品安全的；

（二）进口食品被检疫传染病病原体污染，或者有证据表明能够成为检疫传染病传播媒介，且无法实施有效卫生处理的；

（三）海关实施本办法第三十四条第二款规定控制措施的进口食品，再次发现相关安全、健康、环境保护项目不合格的；

（四）境外生产企业违反中国相关法律法规，情节严重的；

（五）其他信息显示相关食品存在重大安全隐患的。

第三十六条 进口食品安全风险已降低到可控水平时，海关总署和经授权的直属海关可以按照以下方式解除相应控制措施：

（一）实施本办法第三十四条第一款控制措施的食品，在规定的时间、批次内未被发现不合格的，在风险评估基础上可以解除该控制措施；

（二）实施本办法第三十四条第二款控制措施的食品，出口国家（地区）已采取预防措施，经海关总署风险评估能够保障食品安全、控制动植物疫情风险，或者从实施该控制措施之日起在规定时间、批次内未发现不合格食品的，海关在风险评估基础上可以解除该控制措施；

（三）实施暂停或者禁止进口控制措施的食品，出口国家（地区）主管部门已采取风险控制措施，且经海关总署评估符合要求的，可以解除暂停或者禁止进口措施。恢复进口的食品，海关总署视评估情况可以采取本办法第三十四条规定的控制措施。

第三十七条　食品进口商发现进口食品不符合法律、行政法规和食品安全国家标准，或者有证据证明可能危害人体健康，应当按照《食品安全法》第六十三条和第九十四条第三款规定，立即停止进口、销售和使用，实施召回，通知相关生产经营者和消费者，记录召回和通知情况，并将食品召回、通知和处理情况向所在地海关报告。

第三章　食品出口

第三十八条　出口食品生产企业应当保证其出口食品符合进口国家（地区）的标准或者合同要求；中国缔结或者参加的国际条约、协定有特殊要求的，还应当符合国际条约、协定的要求。

进口国家（地区）暂无标准，合同也未作要求，且中国缔结或者参加的国际条约、协定无相关要求的，出口食品生产企业应当保证其出口食品符合中国食品安全国家标准。

第三十九条 海关依法对出口食品实施监督管理。出口食品监督管理措施包括：出口食品原料种植养殖场备案、出口食品生产企业备案、企业核查、单证审核、现场查验、监督抽检、口岸抽查、境外通报核查以及各项的组合。

第四十条 出口食品原料种植、养殖场应当向所在地海关备案。海关总署统一公布原料种植、养殖场备案名单，备案程序和要求由海关总署制定。

第四十一条 海关依法采取资料审查、现场检查、企业核查等方式，对备案原料种植、养殖场进行监督。

第四十二条 出口食品生产企业应当向住所地海关备案，备案程序和要求由海关总署制定。

第四十三条 境外国家（地区）对中国输往该国家（地区）的出口食品生产企业实施注册管理且要求海关总署推荐的，出口食品生产企业须向住所地海关提出申请，住所地海关进行初核后报海关总署。

海关总署结合企业信用、监督管理以及住所地海关初核情况组织开展对外推荐注册工作，对外推荐注册程序和要求由海关总署制定。

第四十四条 出口食品生产企业应当建立完善可追溯的食品安全卫生控制体系，保证食品安全卫生控制体系有效运行，确保出口食品生产、加工、贮存过程持续符合中国相关法律法规、出口食品生产企业安全卫生要求；进口国家（地区）相关法律法规和相关国际条约、协定有特殊要求的，还应当符合相关要求。

出口食品生产企业应当建立供应商评估制度、进货查验记录制度、生产记录档案制度、出厂检验记录制度、出口食品追溯制度和不合格食品处置制度。相关记录应当真实有效，保存期限不得少于食品保质期期满后6个月；没有明确保质期的，保存期限不得少于2年。

第四十五条 出口食品生产企业应当保证出口食品包装和运输方式符合食品安全要求。

第四十六条 出口食品生产企业应当在运输包装上标注生产企业备案号、产品品名、生产批号和生产日期。

进口国家（地区）或者合同有特殊要求的，在保证产品可追溯的前提下，经直属海关同意，出口食品生产企业可以调整前款规定的标注项目。

第四十七条 海关应当对辖区内出口食品生产企业的食品安全卫生控制体系运行情况进行监督检查。监督检查包括日常监督检查和年度监督检查。

监督检查可以采取资料审查、现场检查、企业核查等方式，并可以与出口食品境外通报核查、监督抽检、现场查验等工作结合开展。

第四十八条 出口食品应当依法由产地海关实施检验检疫。

海关总署根据便利对外贸易和出口食品检验检疫工作需要，可以指定其他地点实施检验检疫。

第四十九条 出口食品生产企业、出口商应当按照法律、行政法规和海关总署规定，向产地或者组货地海关提出出口申报前监管申请。

产地或者组货地海关受理食品出口申报前监管申请后，依法对需要实施检验检疫的出口食品实施现场检查和监督抽检。

第五十条 海关制定年度国家出口食品安全监督抽检计划并组织实施。

第五十一条 出口食品经海关现场检查和监督抽检符合要求的，由海关出具证书，准予出口。进口国家（地区）对证书形式和内容要求有变化的，经海关总署同意可以对证书形式和内容进行变更。

出口食品经海关现场检查和监督抽检不符合要求的，由海关书面通知出口商或者其代理人。相关出口食品可以进行技术处理的，经技术处理合格后方准出口；不能进行技术处理或者经技术处理仍不合格的，不准出口。

第五十二条 食品出口商或者其代理人出口食品时应当依法向海关如实申报。

第五十三条 海关对出口食品在口岸实施查验，查验不合格的，不准出口。

第五十四条 出口食品因安全问题被国际组织、境外政府机构通报的，海关总署应当组织开展核查，并根据需要实施调整监督抽检比例、要求食品出口商逐批向海关提交有资质的检验机构出具的检验报告、撤回向境外官方主管机构的注册推荐等控制措施。

第五十五条 出口食品存在安全问题，已经或者可能对人体健康和生命安全造成损害的，出口食品生产经营者应当立即采取相应措施，避免和减少损害发生，并向所在地海关报告。

第五十六条 海关在实施出口食品监督管理时发现安全问题的，应当向同级政府和上一级政府食品安全主管部门通报。

第四章 监督管理

第五十七条 海关总署依照《食品安全法》第一百条规定，收集、汇总进出口食品安全信息，建立进出口食品安全信息管理制度。

各级海关负责本辖区内以及上级海关指定的进出口食品安全信息的收集和整理工作，并按照有关规定通报本辖区地方政府、相关部门、机构和企业。通报信息涉及其他地区的，应当同时通报相关地区海关。

海关收集、汇总的进出口食品安全信息，除《食品安全法》第一百条规定内容外，还包括境外食品技术性贸易措施信息。

第五十八条 海关应当对收集到的进出口食品安全信息开展风

险研判，依据风险研判结果，确定相应的控制措施。

第五十九条 境内外发生食品安全事件或者疫情疫病可能影响到进出口食品安全的，或者在进出口食品中发现严重食品安全问题的，直属海关应当及时上报海关总署；海关总署根据情况进行风险预警，在海关系统内发布风险警示通报，并向国务院食品安全监督管理、卫生行政、农业行政部门通报，必要时向消费者发布风险警示通告。

海关总署发布风险警示通报的，应当根据风险警示通报要求对进出口食品采取本办法第三十四条、第三十五条、第三十六条和第五十四条规定的控制措施。

第六十条 海关制定年度国家进出口食品安全风险监测计划，系统和持续收集进出口食品中食源性疾病、食品污染和有害因素的监测数据及相关信息。

第六十一条 境外发生的食品安全事件可能对中国境内造成影响，或者评估后认为存在不可控风险的，海关总署可以参照国际通行做法，直接在海关系统内发布风险预警通报或者向消费者发布风险预警通告，并采取本办法第三十四条、第三十五条和第三十六条规定的控制措施。

第六十二条 海关制定并组织实施进出口食品安全突发事件应急处置预案。

第六十三条 海关在依法履行进出口食品安全监督管理职责时，有权采取下列措施：

（一）进入生产经营场所实施现场检查；

（二）对生产经营的食品进行抽样检验；

（三）查阅、复制有关合同、票据、账簿以及其他有关资料；

（四）查封、扣押有证据证明不符合食品安全国家标准或者有证据证明存在安全隐患以及违法生产经营的食品。

第六十四条　海关依法对进出口企业实施信用管理。

第六十五条　海关依法对进出口食品生产经营者以及备案原料种植、养殖场开展稽查、核查。

第六十六条　过境食品应当符合海关总署对过境货物的监管要求。过境食品过境期间，未经海关批准，不得开拆包装或者卸离运输工具，并应当在规定期限内运输出境。

第六十七条　进出口食品生产经营者对海关的检验结果有异议的，可以按照进出口商品复验相关规定申请复验。

有下列情形之一的，海关不受理复验：

（一）检验结果显示微生物指标超标的；

（二）复验备份样品超过保质期的；

（三）其他原因导致备份样品无法实现复验目的的。

第五章　法律责任

第六十八条　食品进口商备案内容发生变更，未按照规定向海关办理变更手续，情节严重的，海关处以警告。

食品进口商在备案中提供虚假备案信息的，海关处1万元以下罚款。

第六十九条　境内进出口食品生产经营者不配合海关进出口食品安全核查工作，拒绝接受询问、提供材料，或者答复内容和提供材料与实际情况不符的，海关处以警告或者1万元以下罚款。

第七十条　海关在进口预包装食品监管中，发现进口预包装食品未加贴中文标签或者中文标签不符合法律法规和食品安全国家标准，食品进口商拒不按照海关要求实施销毁、退运或者技术处理的，海关处以警告或者1万元以下罚款。

第七十一条　未经海关允许，将进口食品提离海关指定或者认可的场所的，海关责令改正，并处1万元以下罚款。

第七十二条　下列违法行为属于《食品安全法》第一百二十九条第一款第三项规定的"未遵守本法的规定出口食品"的，由海关依照《食品安全法》第一百二十四条的规定给予处罚：

（一）擅自调换经海关监督抽检并已出具证单的出口食品的；

（二）出口掺杂掺假、以假充真、以次充好的食品或者以不合格出口食品冒充合格出口食品的；

（三）出口未获得备案出口食品生产企业生产的食品的；

（四）向有注册要求的国家（地区）出口未获得注册出口食品生产企业生产食品的或者出口已获得注册出口食品生产企业生产的注册范围外食品的；

（五）出口食品生产企业生产的出口食品未按照规定使用备案种植、养殖场原料的；

（六）出口食品生产经营者有《食品安全法》第一百二十三条、第一百二十四条、第一百二十五条、第一百二十六条规定情形，且出口食品不符合进口国家（地区）要求的。

第七十三条　违反本办法规定，构成犯罪的，依法追究刑事责任。

第六章　附　则

第七十四条　海关特殊监管区域、保税监管场所、市场采购、边境小额贸易和边民互市贸易进出口食品安全监督管理，按照海关总署有关规定执行。

第七十五条　邮寄、快件、跨境电子商务零售和旅客携带方式进出口食品安全监督管理，按照海关总署有关规定办理。

第七十六条　样品、礼品、赠品、展示品、援助等非贸易性的食品，免税经营的食品，外国驻中国使领馆及其人员进出境公用、自用的食品，驻外使领馆及其人员公用、自用的食品，中国企业驻外人员自用的食品的监督管理，按照海关总署有关规定办理。

第七十七条 本办法所称进出口食品生产经营者包括：向中国境内出口食品的境外生产企业、境外出口商或者代理商、食品进口商、出口食品生产企业、出口商以及相关人员等。

本办法所称进口食品的境外生产企业包括向中国出口食品的境外生产、加工、贮存企业等。

本办法所称进口食品的进出口商包括向中国出口食品的境外出口商或者代理商、食品进口商。

第七十八条 本办法由海关总署负责解释。

第七十九条 本办法自2022年1月1日起施行。2011年9月13日原国家质量监督检验检疫总局令第144号公布并根据2016年10月18日原国家质量监督检验检疫总局令第184号以及2018年11月23日海关总署令第243号修改的《进出口食品安全管理办法》、2000年2月22日原国家检验检疫局令第20号公布并根据2018年4月28日海关总署令第238号修改的《出口蜂蜜检验检疫管理办法》、2011年1月4日原国家质量监督检验检疫总局令第135号公布并根据2018年11月23日海关总署令第243号修改的《进出口水产品检验检疫监督管理办法》、2011年1月4日原国家质量监督检验检疫总局令第136号公布并根据2018年11月23日海关总署令第243号修改的《进出口肉类产品检验检疫监督管理办法》、2013年1月24日原国家质量监督检验检疫总局令第152号公布并根据2018年11月23日海关总署令第243号修改的《进出口乳品检验检疫监督管理办法》、2017年11月14日原国家质量监督检验检疫总局令第192号公布并根据2018年11月23日海关总署令第243号修改的《出口食品生产企业备案管理规定》同时废止。

中华人民共和国进口食品境外生产企业注册管理规定

（2021年3月12日海关总署令第248号公布
自2022年1月1日起实施）

第一章 总 则

第一条 为加强进口食品境外生产企业的注册管理，根据《中华人民共和国食品安全法》及其实施条例、《中华人民共和国进出口商品检验法》及其实施条例、《中华人民共和国进出境动植物检疫法》及其实施条例、《国务院关于加强食品等产品安全监督管理的特别规定》等法律、行政法规的规定，制定本规定。

第二条 向中国境内出口食品的境外生产、加工、贮存企业（以下统称进口食品境外生产企业）的注册管理适用本规定。

前款规定的进口食品境外生产企业不包括食品添加剂、食品相关产品的生产、加工、贮存企业。

第三条 海关总署统一负责进口食品境外生产企业的注册管理工作。

第四条 进口食品境外生产企业，应当获得海关总署注册。

第二章 注册条件与程序

第五条 进口食品境外生产企业注册条件：

（一）所在国家（地区）的食品安全管理体系通过海关总署等效性评估、审查；

（二）经所在国家（地区）主管当局批准设立并在其有效监

管下；

（三）建立有效的食品安全卫生管理和防护体系，在所在国家（地区）合法生产和出口，保证向中国境内出口的食品符合中国相关法律法规和食品安全国家标准；

（四）符合海关总署与所在国家（地区）主管当局商定的相关检验检疫要求。

第六条 进口食品境外生产企业注册方式包括所在国家（地区）主管当局推荐注册和企业申请注册。

海关总署根据对食品的原料来源、生产加工工艺、食品安全历史数据、消费人群、食用方式等因素的分析，并结合国际惯例确定进口食品境外生产企业注册方式和申请材料。

经风险分析或者有证据表明某类食品的风险发生变化的，海关总署可以对相应食品的境外生产企业注册方式和申请材料进行调整。

第七条 下列食品的境外生产企业由所在国家（地区）主管当局向海关总署推荐注册：肉与肉制品、肠衣、水产品、乳品、燕窝与燕窝制品、蜂产品、蛋与蛋制品、食用油脂和油料、包馅面食、食用谷物、谷物制粉工业产品和麦芽、保鲜和脱水蔬菜以及干豆、调味料、坚果与籽类、干果、未烘焙的咖啡豆与可可豆、特殊膳食食品、保健食品。

第八条 所在国家（地区）主管当局应当对其推荐注册的企业进行审核检查，确认符合注册要求后，向海关总署推荐注册并提交以下申请材料：

（一）所在国家（地区）主管当局推荐函；

（二）企业名单与企业注册申请书；

（三）企业身份证明文件，如所在国家（地区）主管当局颁发的营业执照等；

（四）所在国家（地区）主管当局推荐企业符合本规定要求的

声明；

（五）所在国家（地区）主管当局对相关企业进行审核检查的审查报告。

必要时，海关总署可以要求提供企业食品安全卫生和防护体系文件，如企业厂区、车间、冷库的平面图，以及工艺流程图等。

第九条 本规定第七条所列食品以外的其他食品境外生产企业，应当自行或者委托代理人向海关总署提出注册申请并提交以下申请材料：

（一）企业注册申请书；

（二）企业身份证明文件，如所在国家（地区）主管当局颁发的营业执照等；

（三）企业承诺符合本规定要求的声明。

第十条 企业注册申请书内容应当包括企业名称、所在国家（地区）、生产场所地址、法定代表人、联系人、联系方式、所在国家（地区）主管当局批准的注册编号、申请注册食品种类、生产类型、生产能力等信息。

第十一条 注册申请材料应当用中文或者英文提交，相关国家（地区）与中国就注册方式和申请材料另有约定的，按照双方约定执行。

第十二条 所在国家（地区）主管当局或进口食品境外生产企业应当对提交材料的真实性、完整性、合法性负责。

第十三条 海关总署自行或者委托有关机构组织评审组，通过书面检查、视频检查、现场检查等形式及其组合，对申请注册的进口食品境外生产企业实施评估审查。评审组由2名以上评估审查人员组成。

进口食品境外生产企业和所在国家（地区）主管当局应当协助开展上述评估审查工作。

第十四条　海关总署根据评估审查情况，对符合要求的进口食品境外生产企业予以注册并给予在华注册编号，书面通知所在国家（地区）主管当局或进口食品境外生产企业；对不符合要求的进口食品境外生产企业不予注册，书面通知所在国家（地区）主管当局或进口食品境外生产企业。

第十五条　已获得注册的企业向中国境内出口食品时，应当在食品的内、外包装上标注在华注册编号或者所在国家（地区）主管当局批准的注册编号。

第十六条　进口食品境外生产企业注册有效期为5年。

海关总署在对进口食品境外生产企业予以注册时，应当确定注册有效期起止日期。

第十七条　海关总署统一公布获得注册的进口食品境外生产企业名单。

第三章　注册管理

第十八条　海关总署自行或者委托有关机构组织评审组，对进口食品境外生产企业是否持续符合注册要求的情况开展复查。评审组由2名以上评估审查人员组成。

第十九条　在注册有效期内，进口食品境外生产企业注册信息发生变化的，应当通过注册申请途径，向海关总署提交变更申请，并提交以下材料：

（一）注册事项变更信息对照表；

（二）与变更信息有关的证明材料。

海关总署评估后认为可以变更的，予以变更。

生产场所迁址、法定代表人变更或者所在国家（地区）授予的注册编号改变的应当重新申请注册，在华注册编号自动失效。

第二十条　进口食品境外生产企业需要延续注册的，应当在注册有效期届满前3至6个月内,通过注册申请途径,向海关总署提出延续注册申请。

延续注册申请材料包括:

(一)延续注册申请书;

(二)承诺持续符合注册要求的声明。

海关总署对符合注册要求的企业予以延续注册,注册有效期延长5年。

第二十一条 已注册进口食品境外生产企业有下列情形之一的,海关总署注销其注册,通知所在国家(地区)主管当局或进口食品境外生产企业,并予以公布:

(一)未按规定申请延续注册的;

(二)所在国家(地区)主管当局或进口食品境外生产企业主动申请注销的;

(三)不再符合本规定第五条第(二)项要求的。

第二十二条 进口食品境外生产企业所在国家(地区)主管当局应当对已注册企业实施有效监管,督促已注册企业持续符合注册要求,发现不符合注册要求的,应当立即采取控制措施,暂停相关企业向中国出口食品,直至整改符合注册要求。

进口食品境外生产企业自行发现不符合注册要求时,应当主动暂停向中国出口食品,立即采取整改措施,直至整改符合注册要求。

第二十三条 海关总署发现已注册进口食品境外生产企业不再符合注册要求的,应当责令其在规定期限内进行整改,整改期间暂停相关企业食品进口。

所在国家(地区)主管当局推荐注册的企业被暂停进口的,主管当局应当监督相关企业在规定期限内完成整改,并向海关总署提交书面整改报告和符合注册要求的书面声明。

自行或者委托代理人申请注册的企业被暂停进口的,应当在规定期限内完成整改,并向海关总署提交书面整改报告和符合注册要求的书面声明。

海关总署应当对企业整改情况进行审查,审查合格的,恢复相关企业食品进口。

第二十四条 已注册的进口食品境外生产企业有下列情形之一的,海关总署撤销其注册并予以公告:

(一)因企业自身原因致使进口食品发生重大食品安全事故的;

(二)向中国境内出口的食品在进境检验检疫中被发现食品安全问题,情节严重的;

(三)企业食品安全卫生管理存在重大问题,不能保证其向中国境内出口食品符合安全卫生要求的;

(四)经整改后仍不符合注册要求的;

(五)提供虚假材料、隐瞒有关情况的;

(六)拒不配合海关总署开展复查与事故调查的;

(七)出租、出借、转让、倒卖、冒用注册编号的。

第四章 附 则

第二十五条 国际组织或者向中国境内出口食品的国家(地区)主管当局发布疫情通报,或者相关食品在进境检验检疫中发现疫情、公共卫生事件等严重问题的,海关总署公告暂停该国家(地区)相关食品进口,在此期间不予受理该国家(地区)相关食品生产企业注册申请。

第二十六条 本规定中所在国家(地区)主管当局指进口食品境外生产企业所在国家(地区)负责食品生产企业安全卫生监管的官方部门。

第二十七条 本规定由海关总署负责解释。

第二十八条 本规定自2022年1月1日起施行。2012年3月22日原国家质量监督检验检疫总局令第145号公布,根据2018年11月23日海关总署令第243号修改的《进口食品境外生产企业注册管理规定》同时废止。

中华人民共和国海关注册登记和备案企业信用管理办法

（2021年9月13日海关总署令第251号公布
自2021年11月1日起施行）

第一章 总 则

第一条 为了建立海关注册登记和备案企业信用管理制度，推进社会信用体系建设，促进贸易安全与便利，根据《中华人民共和国海关法》《中华人民共和国海关稽查条例》《企业信息公示暂行条例》《优化营商环境条例》以及其他有关法律、行政法规的规定，制定本办法。

第二条 海关注册登记和备案企业（以下简称企业）以及企业相关人员信用信息的采集、公示，企业信用状况的认证、认定及管理等适用本办法。

第三条 海关按照诚信守法便利、失信违法惩戒、依法依规、公正公开原则，对企业实施信用管理。

第四条 海关根据企业申请，按照本办法规定的标准和程序将企业认证为高级认证企业的，对其实施便利的管理措施。

海关根据采集的信用信息，按照本办法规定的标准和程序将违法违规企业认定为失信企业的，对其实施严格的管理措施。

海关对高级认证企业和失信企业之外的其他企业实施常规的管理措施。

第五条 海关向企业提供信用培育服务，帮助企业强化诚信守法意识，提高诚信经营水平。

第六条　海关根据社会信用体系建设有关要求，与国家有关部门实施守信联合激励和失信联合惩戒，推进信息互换、监管互认、执法互助。

第七条　海关建立企业信用修复机制，依法对企业予以信用修复。

第八条　中国海关依据有关国际条约、协定以及本办法，开展与其他国家或者地区海关的"经认证的经营者"（AEO）互认合作，并且给予互认企业相关便利措施。

第九条　海关建立企业信用管理系统，运用信息化手段提升海关企业信用管理水平。

第二章　信用信息采集和公示

第十条　海关可以采集反映企业信用状况的下列信息：

（一）企业注册登记或者备案信息以及企业相关人员基本信息；

（二）企业进出口以及与进出口相关的经营信息；

（三）企业行政许可信息；

（四）企业及其相关人员行政处罚和刑事处罚信息；

（五）海关与国家有关部门实施联合激励和联合惩戒信息；

（六）AEO互认信息；

（七）其他反映企业信用状况的相关信息。

第十一条　海关应当及时公示下列信用信息，并公布查询方式：

（一）企业在海关注册登记或者备案信息；

（二）海关对企业信用状况的认证或者认定结果；

（三）海关对企业的行政许可信息；

（四）海关对企业的行政处罚信息；

（五）海关与国家有关部门实施联合激励和联合惩戒信息；

（六）其他依法应当公示的信息。

公示的信用信息涉及国家秘密、国家安全、社会公共利益、商业秘密或者个人隐私的，应当依照法律、行政法规的规定办理。

第十二条 自然人、法人或者非法人组织认为海关公示的信用信息不准确的，可以向海关提出异议，并且提供相关资料或者证明材料。

海关应当自收到异议申请之日起20日内进行复核。自然人、法人或者非法人组织提出异议的理由成立的，海关应当采纳。

第三章 高级认证企业的认证标准和程序

第十三条 高级认证企业的认证标准分为通用标准和单项标准。

高级认证企业的通用标准包括内部控制、财务状况、守法规范以及贸易安全等内容。

高级认证企业的单项标准是海关针对不同企业类型和经营范围制定的认证标准。

第十四条 高级认证企业应当同时符合通用标准和相应的单项标准。

通用标准和单项标准由海关总署另行制定并公布。

第十五条 企业申请成为高级认证企业的，应当向海关提交书面申请，并按照海关要求提交相关资料。

第十六条 海关依据高级认证企业通用标准和相应的单项标准，对企业提交的申请和有关资料进行审查，并赴企业进行实地认证。

第十七条 海关应当自收到申请及相关资料之日起90日内进行认证并作出决定。特殊情形下，海关的认证时限可以延长30日。

第十八条 经认证，符合高级认证企业标准的企业，海关制发高级认证企业证书；不符合高级认证企业标准的企业，海关制发未通过认证决定书。

高级认证企业证书、未通过认证决定书应当送达申请人，并且自送达之日起生效。

第十九条 海关对高级认证企业每5年复核一次。企业信用状况发生异常情况的，海关可以不定期开展复核。

经复核，不再符合高级认证企业标准的，海关应当制发未通过复核决定书，并收回高级认证企业证书。

第二十条 海关可以委托社会中介机构就高级认证企业认证、复核相关问题出具专业结论。

企业委托社会中介机构就高级认证企业认证、复核相关问题出具的专业结论，可以作为海关认证、复核的参考依据。

第二十一条 企业有下列情形之一的，1年内不得提出高级认证企业认证申请：

（一）未通过高级认证企业认证或者复核的；

（二）放弃高级认证企业管理的；

（三）撤回高级认证企业认证申请的；

（四）高级认证企业被海关下调信用等级的；

（五）失信企业被海关上调信用等级的。

第四章 失信企业的认定标准、程序和信用修复

第二十二条 企业有下列情形之一的，海关认定为失信企业：

（一）被海关侦查走私犯罪公安机构立案侦查并由司法机关依法追究刑事责任的；

（二）构成走私行为被海关行政处罚的；

（三）非报关企业1年内违反海关的监管规定被海关行政处罚的次数超过上年度报关单、进出境备案清单、进出境运输工具舱单等单证（以下简称"相关单证"）总票数千分之一且被海关行政处罚金额累计超过100万元的；

报关企业1年内违反海关的监管规定被海关行政处罚的次数超

过上年度相关单证总票数万分之五且被海关行政处罚金额累计超过30万元的；

上年度相关单证票数无法计算的，1年内因违反海关的监管规定被海关行政处罚，非报关企业处罚金额累计超过100万元、报关企业处罚金额累计超过30万元的；

（四）自缴纳期限届满之日起超过3个月仍未缴纳税款的；

（五）自缴纳期限届满之日起超过6个月仍未缴纳罚款、没收的违法所得和追缴的走私货物、物品等值价款，并且超过1万元的；

（六）抗拒、阻碍海关工作人员依法执行职务，被依法处罚的；

（七）向海关工作人员行贿，被处以罚款或者被依法追究刑事责任的；

（八）法律、行政法规、海关规章规定的其他情形。

第二十三条 失信企业存在下列情形的，海关依照法律、行政法规等有关规定实施联合惩戒，将其列入严重失信主体名单：

（一）违反进出口食品安全管理规定、进出口化妆品监督管理规定或者走私固体废物被依法追究刑事责任的；

（二）非法进口固体废物被海关行政处罚金额超过250万元的。

第二十四条 海关在作出认定失信企业决定前，应当书面告知企业拟作出决定的事由、依据和依法享有的陈述、申辩权利。

海关拟依照本办法第二十三条规定将企业列入严重失信主体名单的，还应当告知企业列入的惩戒措施提示、移出条件、移出程序及救济措施。

第二十五条 企业对海关拟认定失信企业决定或者列入严重失信主体名单决定提出陈述、申辩的，应当在收到书面告知之日起5个工作日内向海关书面提出。

海关应当在20日内进行核实，企业提出的理由成立的，海关应当采纳。

第二十六条　未被列入严重失信主体名单的失信企业纠正失信行为，消除不良影响，并且符合下列条件的，可以向海关书面申请信用修复并提交相关证明材料：

（一）因存在本办法第二十二条第二项、第六项情形被认定为失信企业满1年的；

（二）因存在本办法第二十二条第三项情形被认定为失信企业满6个月的；

（三）因存在本办法第二十二条第四项、第五项情形被认定为失信企业满3个月的。

第二十七条　经审核符合信用修复条件的，海关应当自收到企业信用修复申请之日起20日内作出准予信用修复决定。

第二十八条　失信企业连续2年未发生本办法第二十二条规定情形的，海关应当对失信企业作出信用修复决定。

前款所规定的失信企业已被列入严重失信主体名单的，应当将其移出严重失信主体名单并通报相关部门。

第二十九条　法律、行政法规和党中央、国务院政策文件明确规定不可修复的，海关不予信用修复。

第五章　管理措施

第三十条　高级认证企业是中国海关AEO，适用下列管理措施：

（一）进出口货物平均查验率低于实施常规管理措施企业平均查验率的20%，法律、行政法规或者海关总署有特殊规定的除外；

（二）出口货物原产地调查平均抽查比例在企业平均抽查比例的20%以下，法律、行政法规或者海关总署有特殊规定的除外；

（三）优先办理进出口货物通关手续及相关业务手续；

（四）优先向其他国家（地区）推荐农产品、食品等出口企业的注册；

（五）可以向海关申请免除担保；

（六）减少对企业稽查、核查频次；

（七）可以在出口货物运抵海关监管区之前向海关申报；

（八）海关为企业设立协调员；

（九）AEO互认国家或者地区海关通关便利措施；

（十）国家有关部门实施的守信联合激励措施；

（十一）因不可抗力中断国际贸易恢复后优先通关；

（十二）海关总署规定的其他管理措施。

第三十一条 失信企业适用下列管理措施：

（一）进出口货物查验率80%以上；

（二）经营加工贸易业务的，全额提供担保；

（三）提高对企业稽查、核查频次；

（四）海关总署规定的其他管理措施。

第三十二条 办理同一海关业务涉及的企业信用等级不一致，导致适用的管理措施相抵触的，海关按照较低信用等级企业适用的管理措施实施管理。

第三十三条 高级认证企业、失信企业有分立合并情形的，海关按照以下原则对企业信用状况进行确定并适用相应管理措施：

（一）企业发生分立，存续的企业承继原企业主要权利义务的，存续的企业适用原企业信用状况的认证或者认定结果，其余新设的企业不适用原企业信用状况的认证或者认定结果；

（二）企业发生分立，原企业解散的，新设企业不适用原企业信用状况的认证或者认定结果；

（三）企业发生吸收合并的，存续企业适用原企业信用状况的认证或者认定结果；

（四）企业发生新设合并的，新设企业不再适用原企业信用状况的认证或者认定结果。

第三十四条　高级认证企业涉嫌违反与海关管理职能相关的法律法规被刑事立案的，海关应当暂停适用高级认证企业管理措施。

高级认证企业涉嫌违反海关的监管规定被立案调查的，海关可以暂停适用高级认证企业管理措施。

第三十五条　高级认证企业存在财务风险，或者有明显的转移、藏匿其应税货物以及其他财产迹象的，或者存在其他无法足额保障税款缴纳风险的，海关可以暂停适用本办法第三十条第五项规定的管理措施。

第六章　附　则

第三十六条　海关注册的进口食品境外生产企业和进境动植物产品国外生产、加工、存放单位等境外企业的信用管理，由海关总署另行规定。

第三十七条　作为企业信用状况认定依据的刑事犯罪，以司法机关相关法律文书生效时间为准进行认定。

作为企业信用状况认定依据的海关行政处罚，以海关行政处罚决定书作出时间为准进行认定。

作为企业信用状况认定依据的处罚金额，包括被海关处以罚款、没收违法所得或者没收货物、物品价值的金额之和。

企业主动披露且被海关处以警告或者海关总署规定数额以下罚款的行为，不作为海关认定企业信用状况的记录。

第三十八条　本办法下列用语的含义：

企业相关人员，是指企业法定代表人、主要负责人、财务负责人、关务负责人等管理人员。

经认证的经营者（AEO），是指以任何一种方式参与货物国际流通，符合海关总署规定标准的企业。

第三十九条　本办法由海关总署负责解释。

第四十条 本办法自2021年11月1日起施行。2018年3月3日海关总署令第237号公布的《中华人民共和国海关企业信用管理办法》同时废止。

关于公布《海关高级认证企业标准》的公告

(海关总署公告 2022 年第 106 号)

为深入贯彻落实党中央、国务院关于推进社会信用体系建设的决策部署,进一步深化"放管服"改革,推动外贸保稳提质,根据《中华人民共和国海关注册登记和备案企业信用管理办法》(海关总署令第 251 号),总署对《海关高级认证企业标准》(海关总署公告 2021 年第 88 号发布)进行了修订。现将修订后的《海关高级认证企业标准》(通用标准、单项标准)予以发布。海关总署公告 2021 年第 88 号同时废止。

特此公告。

附件:
1.《海关高级认证企业标准》说明
2.《海关高级认证企业标准》(通用标准)
3.《海关高级认证企业标准》(单项标准)

海关总署
2022 年 10 月 28 日

附件1

《海关高级认证企业标准》说明

一、关于认证标准的分类

《海关高级认证企业标准》包括通用标准以及针对不同企业类型和经营范围制定的单项标准。

二、关于认证结果

认证结果选项分为"达标""基本达标""不达标""不适用"。

达标：企业实际情况符合该项标准。该项标准中有分项标准〔用（1）、（2）、（3）等表示，下同〕的，也应当符合每个分项标准。

基本达标：企业实际情况基本符合该项标准。该项标准中有分项标准的，也应当符合或者基本符合每个分项标准。

不达标：企业实际情况不符合该项标准。该项标准的分项标准中如有不达标情形的，该项标准即为不达标。

不适用：企业实际经营不涉及相关海关业务的，海关不对该项标准进行认证。

三、关于通过认证的条件

企业同时符合下列三个条件并经海关认定的，通过认证：

（一）所有认证结果选项均没有不达标情形；

（二）通用标准基本达标不超过3项；

（三）单项标准基本达标不超过3项。

四、关于时间计算

"1年内"，指连续的12个月。

申请成为高级认证企业的，自海关接受企业申请之日起倒推计算。

高级认证企业复核的,以最近1次海关行政处罚决定作出之日起倒推计算;其中,海关最近1次接受企业申请之日倒推12个月前的行政处罚决定不参与计算。

附件2

《海关高级认证企业标准》（通用标准）

认证标准		达标情况			
一、内部控制标准		达标	基本达标	不达标	不适用
1.关企沟通联系合作	（1）建立并执行与海关沟通联系和合作的机制，指定高级管理人员负责关务。在发现异常、可疑的货物单据或者非法、可疑和不明货物涉及海关业务时，及时通知海关。				
	（2）企业的进出口业务、财务、贸易安全、内部审计等岗位职责分工明确。				
2.进出口单证	（3）建立并执行进出口单证复核或者纠错制度，在申报前或者委托申报前有专门部门或者岗位人员对进出口单证的真实性、准确性、规范性和完整性进行内部复核。				

续表

认证标准		达标情况			
一、内部控制标准		达标	基本达标	不达标	不适用
2.进出口单证	（4）建立并执行进出口单证保管制度，妥善保存海关要求保管的进出口单证以及与进出口直接相关的其他资料和海关核发的证书、法律文书等。				
	（5）建立并执行禁止类产品合规审查制度。				
	（6）建立企业认证的书面或者电子资料的专门档案。				
3.信息系统	（7）建立有效管理企业生产经营、进出口活动、财务数据等的信息系统，进出口活动主要环节在系统中能够实现流程检索、跟踪，涉及的货物流、单证流、信息流能够相互印证。				
	（8）生产经营数据以及与进出口活动有关的数据及时、准确、完整、规范录入系统。系统数据自进出口货物办结海关手续之日起保存3年以上。				

续表

认证标准		达标情况			
一、内部控制标准		达标	基本达标	不达标	不适用
3.信息系统	（9）建立并执行信息安全管理制度，包括防火墙、密码等保护信息系统免受未经授权的访问，以及防止信息丢失的程序和备份功能，并对违反信息安全管理制度造成损害的行为予以责任追究。				
4.内部审计和改进	（10）建立并执行对进出口活动的内部审计制度。				
	（11）每年实施进出口活动及持续符合高级认证企业标准的内部审计，完整记录内部审计过程和结果。				
	（12）建立并执行对进出口活动中已发现问题的改进机制和违法行为的责任追究机制。发现有不符合海关企业认证标准事项导致企业无法持续符合高级认证企业标准的，应当主动及时向海关报告。对海关要				

续表

认证标准	达标情况			
一、内部控制标准	达标	基本达标	不达标	不适用
4.内部审计和改进	求的改正或者规范改进等事项，应当由法定代表人（负责人）或者负责关务的高级管理人员组织实施。			
二、财务状况标准*	达标	基本达标		不达标
5.财务状况	（13）企业应当提供财务状况相关证明，可选择以下任一方式： ◎提供会计师事务所审计报告。 ◎企业的ERP系统已与海关对接的，提供资产负债表。			
	（14）无连续5年资产负债率超过95%情形。			
三、守法规范标准	达标			不达标
6.遵守法律法规	（15）企业法定代表人、主要负责人、财务负责人、关务负责人1年内未因故意犯罪受过刑事处罚。			

续表

认证标准	达标情况	
三、守法规范标准	达标	不达标
6.遵守法律法规	（16）1年内无因违反海关的监管规定被海关行政处罚金额超过5万元的行为。		
	（17）1年内因违反海关的监管规定被海关行政处罚金额累计不超过10万元，且违法次数不超过5次或者违法次数不超过上年度报关单、进出境备案清单、进出境运输工具舱单等单证总票数千分之一。		
	（18）1年内无因进口禁止进境的固体废物违反海关监管规定被海关行政处罚的情形。		
	上述（16）（17）所列行为经海关认定系企业自查发现并主动向海关报明的，比照《中华人民共和国海关注册登记和备案企业信用管理办法》第三十七条第四款执行。		

续表

认证标准		达标情况	
三、守法规范标准		达标	不达标
7.进出口记录	(19)1年内有进出口活动或者为进出口活动提供相关服务。		
8.税款缴纳	(20)认证期间，没有超过法定期限尚未缴纳海关要求缴纳的税款（包括滞纳金）、罚款（包括加处罚款）的情形。		
9.管理要求	1年内企业无以下情形：		
	(21)向海关人员行贿。		
	(22)向海关提供虚假情况或者隐瞒事实。		
	(23)拒不配合海关执法。		
	(24)转移、隐匿、篡改、毁弃报关单等进出口单证以及与进出口直接相关的其他资料。		
	(25)拒绝、拖延向海关提供账簿、单证或海关归类、价格、原产地、减免税核查所需资料等有关材料。		
	(26)被海关责令限期改正，但逾期不改正。		

续表

认证标准		达标情况			
三、守法规范标准		达标		不达标	
9.管理要求	（27）由海关要求承担技术处理、退运、销毁等义务，但逾期不履行。				
	（28）报关单涉税要素申报不规范。				
	（29）涉及危险品等海关重点关注的高风险商品伪瞒报、夹藏夹带被查发。				
10.外部信用	（30）企业和企业法定代表人、主要负责人、财务负责人、关务负责人1年内未被列入国家失信联合惩戒名单。				
四、贸易安全标准		达标	基本达标	不达标	不适用
11.经营场所安全	企业经营场所应当具有相应设施防止未载明货物和未经许可人员进入。根据企业经营特点和风险防范需要落实以下措施：				
	（31）建立并执行企业经营场所安全的管理制度。				

续表

认证标准			达标情况			
四、贸易安全标准			达标	基本达标	不达标	不适用
11.经营场所安全		（32）建筑物的建造方式能够防止非法闯入，定期对建筑物进行检查和修缮，保证其完整性、安全性。				
^		（33）使用锁闭装置或者采取进出监控以及指纹、人脸识别等进出控制措施保护所有内外部窗户、大门和围墙的安全，实行钥匙发放与回收的登记管理或者进出权限的授予与取消管理。				
^		（34）企业经营场所必须有充足的照明，包括以下重要敏感区域：出入口，货物、物品装卸和仓储区域，围墙周边及停车场/停车区域等。				
^		（35）车辆、人员进出企业的出入口配备人员驻守。仅允许经正确识别和授权的人员、车辆和货物进出。				

续表

认证标准	达标情况			
四、贸易安全标准	达标	基本达标	不达标	不适用
11.经营场所安全	（36）对单证存放区域和货物、物品装卸、仓储区域等实施受控进入管理，明确标识受控区域。对未经授权或者身份不明人员有质疑和报告的程序。				
	（37）企业经营场所的重要敏感区域装有视频监控系统，视频监控记录保存时限应当满足企业自身供应链安全检查追溯的要求。				
12.人员安全	（38）建立并执行员工入职、离职等管理制度。实行员工档案管理，具有动态的员工清单。				
	（39）招聘新员工时应当进行违法记录调查。对在安全敏感岗位工作的员工应当进行定期或者有原因的背景调查。				

续表

认证标准		达标情况			
四、贸易安全标准		达标	基本达标	不达标	不适用
12.人员安全	（40）对企业员工进行身份识别，要求所有员工携带企业发放的身份标识，对离职员工及时取消身份识别、经营场所和信息系统访问的授权。				
	（41）实行访客进出登记管理，登记时必须检查带有照片的身份证件或者进行人脸识别登记。访客进入企业经营场所应当佩戴临时身份标识，进入企业受控区域应当有企业内部人员陪同。				
13.货物、物品安全	本标准所称集装箱包括海运集装箱、空运集装器和在火车、卡车、飞机、轮船和任何其他运输工具上的用于装运进出口货物、进出境物品的可移动装置和厢式货车。				
	（42）建立并执行保证进出口货物、进出境物品在运输、装卸和存储过程中的完整性、安全性的管理制度。				

续表

认证标准		达标情况			
四、贸易安全标准		达标	基本达标	不达标	不适用
13.货物、物品安全	（43）在装货前检查集装箱结构的物理完整性和可靠性，包括门的锁闭系统的可靠性，并做好相关登记。检查采取"七点检查法"（即对集装箱按照以下部位进行检查：前壁、左侧、右侧、地板、顶部、内/外门、外部/起落架）。				
	（44）确保企业及其在供应链中负有封条责任的商业伙伴建立并执行施加和检验封条的书面制度和程序，封条有专人管理、登记，已装货集装箱使用的封条符合或者超出现行PAS ISO 17712高度安全封条标准。				
	（45）确保企业保管的货物、物品和集装箱存放在安全的区域，防止未经授权的人员接触货物、物品。				

续表

认证标准		达标情况			
四、贸易安全标准		达标	基本达标	不达标	不适用
13.货物、物品安全	（46）在货物被装运或者接收前对装运或者接收货物运输工具的驾驶人员进行身份核实。				
	（47）运抵的货物、物品要与货物、物品单证的信息相符，核实货物、物品的重量、标签、件数或者箱数，离岸的货物、物品要与购货订单或者装运订单上的内容进行核实，在货物、物品关键交接环节有保护制度，实施签名、盖章或者其他确认措施。				
	（48）在出现货物、物品溢装、短装，法检商品安全、卫生、环保等指标不合格或者其他异常现象时要及时报告或者采取其他应对措施。				
	（49）生产型企业对出口货物、物品实施专人监装并保存相关记录；非生产型企业要求建立管理制度确保出口货物、物品安全装运。				

续表

认证标准		达标情况			
四、贸易安全标准		达标	基本达标	不达标	不适用
14.运输工具安全	（50）建立并执行保证在其供应链内用于进出口货物、进出境物品运输的所有运输工具的完整性、安全性的管理制度。				
	（51）在装货前对运输工具进行检查，防止藏匿可疑货物、物品。				
	（52）确保运输工具在无人看管的情况下的安全。				
	（53）确保运输工具的驾驶人员经过培训，保证运输工具和货物、物品的安全。				
15.商业伙伴安全	本标准所称商业伙伴是指与进出口相关的商业伙伴。商业伙伴系海关高级认证企业的，企业可以免于对该商业伙伴执行本项标准。				
	（54）建立并执行评估、检查商业伙伴供应链安全的管理制度。				

续表

认证标准		达标情况			
四、贸易安全标准		达标	基本达标	不达标	不适用
15.商业伙伴安全	（55）在筛选商业伙伴时根据本认证标准对商业伙伴进行全面评估，重点评估守法合规、贸易安全和供货资质。				
	（56）企业应当在合同、协议或者其他书面资料中建议商业伙伴按照本认证标准优化和完善贸易安全管理，以加强全球供应链的安全性。				
	（57）定期监控或者检查商业伙伴遵守贸易安全要求的情况。				
16.海关业务和贸易安全培训	（58）建立并执行海关法律法规等相关规定和贸易安全相关知识的内部培训制度。				
	（59）定期对与进出口活动相关岗位的员工进行海关法律法规等相关规定的培训，及时了解、掌握海关最新的政策文件要求。法定代表				

续表

认证标准		达标情况			
四、贸易安全标准		达标	基本达标	不达标	不适用
16.海关业务和贸易安全培训	人（负责人）、负责关务的高级管理人员、关务负责人、负责贸易安全的高级管理人员应当每年参加至少2次培训。				
	（60）定期对员工进行与国际贸易供应链中货物流动相关风险的教育和培训，让员工了解、掌握海关高级认证企业在保证货物、物品安全过程中应做的工作。				
	（61）定期对员工进行危机管理的培训和危机处理模拟演练，让员工了解、掌握在应急处置和异常报告过程中应做的工作。				
	（62）定期对员工进行信息安全和保密意识的教育和培训。				

*海关对企业财务状况认定标准如下:

(一)对企业财务状况的认定。

1. 企业提供会计师事务所审计报告的。

(1)上年度审计报告为无保留意见且无连续5年资产负债率超过95%情形的,该项标准为达标;

(2)上年度审计报告为带保留意见且无连续5年资产负债率超过95%情形的,该项标准为基本达标;

(3)上年度审计报告为否定意见,或者连续5年资产负债率超过95%情形的,该项标准为不达标。

2. 企业的ERP系统已与海关对接且提供资产负债表的,企业无连续5年资产负债率超过95%情形,该项标准为达标。

(二)企业资产负债率计算公式。

资产负债率=负债总额/资产总额。

负债总额、资产总额以资产负债表的期末值为准。

附件 3

《海关高级认证企业标准》（单项标准）

认证标准		达标情况			
针对不同类型和经营范围，企业应当符合相应的单项标准。		达标	基本达标	不达标	不适用
一、加工贸易以及保税进出口业务	1.对与加工贸易或保税货物有关的进口、存储、转让、转移、销售、加工、使用、损耗和出口等情况的账簿、报表以及其他有关单证的准确性、一致性进行内部复核，并保管相关单证资料。				
二、卫生检疫业务	2.涉及出入境特殊物品的，审核特殊物品出入境卫生检疫审批单中的储存条件及拆检注意事项。				
	3.涉及出入境特殊物品的，建立特殊物品生产、使用、销售记录及符合海关要求的特殊物品安全管理制度。				

续表

认证标准	达标情况			
针对不同类型和经营范围，企业应当符合相应的单项标准。	达标	基本达标	不达标	不适用
三、动植物检疫业务	4.企业进出境动植物及其产品需要检疫监管的，对口岸查验、装卸、调离、运输、隔离、生产、加工、存放、流向、检疫处理等环节建立台账。				
四、进出口食品业务	5.企业进出口食品的，设有专门场所、特定部门和专人对进口、出口、销售记录和被境外通报的记录进行保管。				
	6.1年内出口产品被国外通报安全卫生问题，调查后确认为企业自身原因导致质量安全问题的批次不超过2批次。				
	7.1年内未出现因质量管理不到位，被国外通报使用我国或进口国禁用农药或禁用物质等严重安全卫生问题。				
	8.1年内进口商未被列入海关总署进口食品不良记录名单。				

续表

认证标准		达标情况			
针对不同类型和经营范围,企业应当符合相应的单项标准。		达标	基本达标	不达标	不适用
五、进出口商品检验业务	9.企业进出口商品需要检验监管的,对日常检验监管情况、生产经营情况、不合格货物的处置、销毁、退运、召回等情况建立台账。				
六、代理报关业务	10.遵守法律法规 (1)1年内无因违反海关的监管规定被海关行政处罚金额超过1万元的行为。 (2)1年内因违反海关的监管规定被海关行政处罚的次数不超过上年度报关单、进出境备案清单、进出境运输工具舱单等单证(以下简称"相关单证")总票数万分之一,且被海关行政处罚金额累计不超过3万元。 (3)上年度相关单证票数无法计算的,1年内无因违反海关的监管规定被海关行政处罚的行为。				

续表

认证标准	达标情况			
针对不同类型和经营范围，企业应当符合相应的单项标准。	达标	基本达标	不达标	不适用
六、代理报关业务	上述（1）（2）（3）所列行为经海关认定系企业自查发现并主动向海关报明的，比照《中华人民共和国海关注册登记和备案企业信用管理办法》第三十七条第四款执行。				
	11.建立并执行代理申报前对进出口单证及相关信息、监管证件、商业单据等资料的真实性、完整性和有效性进行合理审查并复核纠错的制度。通过信息系统对进出口单证等信息进行申报要素的逻辑检验。				
	12.建立并执行对代理报关的进出口货物收发货人进行海关法律法规等相关规定的培训制度。				
	13.企业应当协助海关对其被代理企业或者主要物流运输企业按照通用标准的货物、物品安全和运输工具安全要求实施延伸认证。				

续表

认证标准		达标情况			
针对不同类型和经营范围，企业应当符合相应的单项标准。		达标	基本达标	不达标	不适用
七、快件运营业务	14.建立并执行对收发件人的提醒制度，主动告知禁止、限制进出境物品的相关规定，并作出如实申报提示。				
	15.建立并执行收发件人信息核实的管理制度。				
	16.建立并执行对代理申报的快件是否符合海关有关监管要求的审核制度，与委托人核实、确认快件申报信息。				
	17.建立并执行符合法律法规要求的揽收快件验视、复核制度，对揽收承运的出境快件实施过机检查。				
	18.信息系统应当具备全程实时快件物流信息跟踪功能，能够查询、记录快件的揽收、分拣、口岸、货类、签收、申报收件地、实际派送地等信息；对境内交由其他物流企业派送的包裹，能够提供实时物流和妥投数据。				

续表

认证标准	达标情况			
针对不同类型和经营范围，企业应当符合相应的单项标准。	达标	基本达标	不达标	不适用
七、快件运营业务	19.建立并执行快件风险防控制度，能够识别高风险收发件人、高风险快件，发现《中华人民共和国禁止进出境物品表》所列物品、有违法嫌疑或高风险快件的，立即通知海关并协助海关进行处理。				
八、物流运输业务	20.企业从事跨境物流运输业务或者境内海关监管货物物流运输业务且直接负责运输工具经营管理。				
	21.建立并执行控制运输工具按规定区域和路线行驶的管理制度，能够实时掌握运输工具的行驶状态、路线，保存运输工具行驶轨迹数据记录。				
	22.建立并执行运输工具驾驶人员与运输工具的匹配管理制度。载运前运输企业应当向客户发送公路运输车辆号牌、驾驶人员信息。				

续表

认证标准		达标情况			
针对不同类型和经营范围，企业应当符合相应的单项标准。		达标	基本达标	不达标	不适用
九、跨境电子商务平台业务	23.建立并执行对进入平台销售的商品是否符合跨境电商有关监管要求的审核制度。				
	24.如实向海关实时传输施加电子签名的跨境电商交易电子信息，并对真实性、完整性和有效性进行合理审查。				
	25.建立并执行防止虚假交易及二次销售的风险防控制度，能够对境内订购人身份信息真实性进行校验，利用平台运营所积累的数据对商品归类、价格等准入、税收要素，产品质量和交易真实性进行监控。				
	26.建立并执行对跨境电子商务企业及其境内代理人的身份、地址、资质等信息的审核制度，定期对上述信息进行核验、更新。				

续表

认证标准	达标情况			
针对不同类型和经营范围，企业应当符合相应的单项标准。	达标	基本达标	不达标	不适用
九、跨境电子商务平台业务	27.建立并执行对跨境电子商务企业及其境内代理人进行海关法律法规等相关规定的培训制度。				
	28.建立并执行对跨境电子商务企业及其境内代理人交易行为的监控制度，能够有效识别非正常交易行为并采取相应的处置措施。				
	29.根据风险评估结果、违法违规记录等建立并执行对跨境电子商务企业及其境内代理人的分级管理制度，对有违法违规记录的跨境电子商务企业及其境内代理人采取相应管控措施。				
十、外贸综合服务业务	30.建立并执行对外贸综合服务平台客户订单相关信息、资料的真实性、完整性和有效性进行合理审查的制度，通过外贸综合服务平台对报关单信息进行申报要素的逻辑检验以及税收要素、贸易真实性的监控。				

续表

认证标准	达标情况			
针对不同类型和经营范围，企业应当符合相应的单项标准。	达标	基本达标	不达标	不适用
十、外贸综合服务业务 — 31.建立并执行对外贸综合服务平台客户的实地审核、培训及分级管理制度。				
32.建立并执行对外贸综合服务平台客户进出口货物的风险评估制度，能够有效识别高风险货物并采取监装、检查等合理的处置措施。				

中华人民共和国海关稽查条例

（1997年1月3日中华人民共和国国务院令第209号发布　根据2011年1月8日《国务院关于废止和修改部分行政法规的决定》第一次修订　根据2016年6月19日《国务院关于修改〈中华人民共和国海关稽查条例〉的决定》第二次修订　根据2022年3月29日《国务院关于修改和废止部分行政法规的决定》第三次修订）

第一章　总　则

第一条　为了建立、健全海关稽查制度，加强海关监督管理，维护正常的进出口秩序和当事人的合法权益，保障国家税收收入，促进对外贸易的发展，根据《中华人民共和国海关法》（以下简称海关法），制定本条例。

第二条　本条例所称海关稽查，是指海关自进出口货物放行之日起3年内或者在保税货物、减免税进口货物的海关监管期限内及其后的3年内，对与进出口货物直接有关的企业、单位的会计账簿、会计凭证、报关单证以及其他有关资料（以下统称账簿、单证等有关资料）和有关进出口货物进行核查，监督其进出口活动的真实性和合法性。

第三条　海关对下列与进出口货物直接有关的企业、单位实施海关稽查：

（一）从事对外贸易的企业、单位；

（二）从事对外加工贸易的企业；

（三）经营保税业务的企业；
（四）使用或者经营减免税进口货物的企业、单位；
（五）从事报关业务的企业；
（六）海关总署规定的与进出口货物直接有关的其他企业、单位。

第四条 海关根据稽查工作需要，可以向有关行业协会、政府部门和相关企业等收集特定商品、行业与进出口活动有关的信息。收集的信息涉及商业秘密的，海关应当予以保密。

第五条 海关和海关工作人员执行海关稽查职务，应当客观公正，实事求是，廉洁奉公，保守被稽查人的商业秘密，不得侵犯被稽查人的合法权益。

第二章 账簿、单证等有关资料的管理

第六条 与进出口货物直接有关的企业、单位所设置、编制的会计账簿、会计凭证、会计报表和其他会计资料，应当真实、准确、完整地记录和反映进出口业务的有关情况。

第七条 与进出口货物直接有关的企业、单位应当依照有关法律、行政法规规定的保管期限，保管会计账簿、会计凭证、会计报表和其他会计资料。

报关单证、进出口单证、合同以及与进出口业务直接有关的其他资料，应当在本条例第二条规定的期限内保管。

第八条 与进出口货物直接有关的企业、单位会计制度健全，能够通过计算机正确、完整地记账、核算的，其计算机储存和输出的会计记录视同会计资料。

第三章 海关稽查的实施

第九条 海关应当按照海关监管的要求，根据与进出口货物直接有关的企业、单位的进出口信用状况和风险状况以及进出口货物

的具体情况,确定海关稽查重点。

第十条 海关进行稽查时,应当在实施稽查的3日前,书面通知被稽查人。在被稽查人有重大违法嫌疑,其账簿、单证等有关资料以及进出口货物可能被转移、隐匿、毁弃等紧急情况下,经直属海关关长或者其授权的隶属海关关长批准,海关可以不经事先通知进行稽查。

第十一条 海关进行稽查时,应当组成稽查组。稽查组的组成人员不得少于2人。

第十二条 海关进行稽查时,海关工作人员应当出示海关稽查证。

海关稽查证,由海关总署统一制发。

第十三条 海关进行稽查时,海关工作人员与被稽查人有直接利害关系的,应当回避。

第十四条 海关进行稽查时,可以行使下列职权:

(一)查阅、复制被稽查人的账簿、单证等有关资料;

(二)进入被稽查人的生产经营场所、货物存放场所,检查与进出口活动有关的生产经营情况和货物;

(三)询问被稽查人的法定代表人、主要负责人员和其他有关人员与进出口活动有关的情况和问题;

(四)经直属海关关长或者其授权的隶属海关关长批准,查询被稽查人在商业银行或者其他金融机构的存款账户。

第十五条 海关进行稽查时,发现被稽查人有可能转移、隐匿、篡改、毁弃账簿、单证等有关资料的,经直属海关关长或者其授权的隶属海关关长批准,可以查封、扣押其账簿、单证等有关资料以及相关电子数据存储介质。采取该项措施时,不得妨碍被稽查人正常的生产经营活动。

海关对有关情况查明或者取证后,应当立即解除对账簿、单证等有关资料以及相关电子数据存储介质的查封、扣押。

第十六条 海关进行稽查时,发现被稽查人的进出口货物有违反海关法和其他有关法律、行政法规规定的嫌疑的,经直属海关关长或者其授权的隶属海关关长批准,可以查封、扣押有关进出口货物。

第十七条 被稽查人应当配合海关稽查工作,并提供必要的工作条件。

第十八条 被稽查人应当接受海关稽查,如实反映情况,提供账簿、单证等有关资料,不得拒绝、拖延、隐瞒。

被稽查人使用计算机记账的,应当向海关提供记账软件、使用说明书及有关资料。

第十九条 海关查阅、复制被稽查人的账簿、单证等有关资料或者进入被稽查人的生产经营场所、货物存放场所检查时,被稽查人的法定代表人或者主要负责人员或者其指定的代表应当到场,并按照海关的要求清点账簿、打开货物存放场所、搬移货物或者开启货物包装。

第二十条 海关进行稽查时,与被稽查人有财务往来或者其他商务往来的企业、单位应当向海关如实反映被稽查人的有关情况,提供有关资料和证明材料。

第二十一条 海关进行稽查时,可以委托会计、税务等方面的专业机构就相关问题作出专业结论。

被稽查人委托会计、税务等方面的专业机构作出的专业结论,可以作为海关稽查的参考依据。

第二十二条 海关稽查组实施稽查后,应当向海关报送稽查报告。稽查报告认定被稽查人涉嫌违法的,在报送海关前应当就稽查报告认定的事实征求被稽查人的意见,被稽查人应当自收到相关材料之日起7日内,将其书面意见送交海关。

第二十三条　海关应当自收到稽查报告之日起30日内，作出海关稽查结论并送达被稽查人。

海关应当在稽查结论中说明作出结论的理由，并告知被稽查人的权利。

第四章　海关稽查的处理

第二十四条　经海关稽查，发现关税或者其他进口环节的税收少征或者漏征的，由海关依照海关法和有关税收法律、行政法规的规定向被稽查人补征；因被稽查人违反规定而造成少征或者漏征的，由海关依照海关法和有关税收法律、行政法规的规定追征。

被稽查人在海关规定的期限内仍未缴纳税款的，海关可以依照海关法第六十条第一款、第二款的规定采取强制执行措施。

第二十五条　依照本条例第十六条的规定查封、扣押的有关进出口货物，经海关稽查排除违法嫌疑的，海关应当立即解除查封、扣押；经海关稽查认定违法的，由海关依照海关法和海关行政处罚实施条例的规定处理。

第二十六条　经海关稽查，认定被稽查人有违反海关监管规定的行为的，由海关依照海关法和海关行政处罚实施条例的规定处理。

与进出口货物直接有关的企业、单位主动向海关报告其违反海关监管规定的行为，并接受海关处理的，应当从轻或者减轻行政处罚。

第二十七条　经海关稽查，发现被稽查人有走私行为，构成犯罪的，依法追究刑事责任；尚不构成犯罪的，由海关依照海关法和海关行政处罚实施条例的规定处理。

第二十八条　海关通过稽查决定补征或者追征的税款、没收的走私货物和违法所得以及收缴的罚款，全部上缴国库。

第二十九条 被稽查人同海关发生纳税争议的，依照海关法第六十四条的规定办理。

第五章 法律责任

第三十条 被稽查人有下列行为之一的，由海关责令限期改正，逾期不改正的，处2万元以上10万元以下的罚款；情节严重的，禁止其从事报关活动；对负有直接责任的主管人员和其他直接责任人员处5000元以上5万元以下的罚款；构成犯罪的，依法追究刑事责任：

（一）向海关提供虚假情况或者隐瞒重要事实；

（二）拒绝、拖延向海关提供账簿、单证等有关资料以及相关电子数据存储介质；

（三）转移、隐匿、篡改、毁弃报关单证、进出口单证、合同、与进出口业务直接有关的其他资料以及相关电子数据存储介质。

第三十一条 被稽查人未按照规定编制或者保管报关单证、进出口单证、合同以及与进出口业务直接有关的其他资料的，由海关责令限期改正，逾期不改正的，处1万元以上5万元以下的罚款；情节严重的，禁止其从事报关活动；对负有直接责任的主管人员和其他直接责任人员处1000元以上5000元以下的罚款。

第三十二条 被稽查人未按照规定设置或者编制账簿，或者转移、隐匿、篡改、毁弃账簿的，依照会计法的有关规定追究法律责任。

第三十三条 海关工作人员在稽查中玩忽职守、徇私舞弊、滥用职权，或者利用职务上的便利，收受、索取被稽查人的财物，构成犯罪的，依法追究刑事责任；尚不构成犯罪的，依法给予处分。

第六章 附　则

第三十四条 本条例自发布之日起施行。

《中华人民共和国海关稽查条例》实施办法

（2016年9月26日海关总署令第230号发布
自2016年11月1日起施行）

第一章 总　则

第一条 为有效实施《中华人民共和国海关稽查条例》（以下简称《稽查条例》），根据《中华人民共和国海关法》以及相关法律、行政法规，制定本办法。

第二条 《稽查条例》第三条所规定的与进出口货物直接有关的企业、单位包括：

（一）从事对外贸易的企业、单位；

（二）从事对外加工贸易的企业；

（三）经营保税业务的企业；

（四）使用或者经营减免税进口货物的企业、单位；

（五）从事报关业务的企业；

（六）进出口货物的实际收发货人；

（七）其他与进出口货物直接有关的企业、单位。

第三条 海关对与进出口货物直接有关的企业、单位（以下统称进出口企业、单位）的下列进出口活动实施稽查：

（一）进出口申报；

（二）进出口关税和其他税、费的缴纳；

（三）进出口许可证件和有关单证的交验；

（四）与进出口货物有关的资料记载、保管；

（五）保税货物的进口、使用、储存、维修、加工、销售、运输、展示和复出口；

（六）减免税进口货物的使用、管理；

（七）其他进出口活动。

第四条 海关根据稽查工作需要，可以通过实地查看、走访咨询、书面函询、网络调查和委托调查等方式向有关行业协会、政府部门和相关企业等开展贸易调查，收集下列信息：

（一）政府部门监督管理信息；

（二）特定行业、企业的主要状况、贸易惯例、生产经营、市场结构等信息；

（三）特定商品的结构、成分、等级、功能、用途、工艺流程、工作原理等技术指标或者技术参数以及价格等信息；

（四）其他与进出口活动有关的信息。

有关政府部门、金融机构、行业协会和相关企业等应当配合海关贸易调查，提供有关信息。

第二章 账簿、单证等资料的管理

第五条 进出口企业、单位应当依据《中华人民共和国会计法》以及其他有关法律、行政法规的规定设置、编制和保管会计账簿、会计凭证、会计报表和其他会计资料，建立内部管理制度，真实、准确、完整地记录和反映进出口活动。

进出口企业、单位应当编制和保管能够反映真实进出口活动的原始单证和记录等资料。

第六条 进出口企业、单位应当在《稽查条例》第二条规定的期限内，保管报关单证、进出口单证、合同以及与进出口业务直接有关的其他资料或者电子数据。

第三章　海关稽查的实施

第七条　海关稽查由被稽查人注册地海关实施。被稽查人注册地与货物报关地或者进出口地不一致的，也可以由报关地或者进出口地海关实施。

海关总署可以指定或者组织下级海关实施跨关区稽查。直属海关可以指定或者组织下级海关在本关区范围内实施稽查。

第八条　海关稽查应当由具备稽查执法资格的人员实施，实施稽查时应当向被稽查人出示海关稽查证。

第九条　海关实施稽查3日前，应当向被稽查人制发《海关稽查通知书》。

海关不经事先通知实施稽查的，应当在开始实施稽查时向被稽查人制发《海关稽查通知书》。

第十条　海关稽查人员实施稽查时，有下列情形之一的，应当回避：

（一）海关稽查人员与被稽查人的法定代表人或者主要负责人有近亲属关系的；

（二）海关稽查人员或者其近亲属与被稽查人有利害关系的；

（三）海关稽查人员或者其近亲属与被稽查人有其他关系，可能影响海关稽查工作正常进行的。

被稽查人有正当理由，可以对海关稽查人员提出回避申请。但在海关作出回避决定前，有关海关稽查人员不停止执行稽查任务。

第十一条　海关稽查人员查阅、复制被稽查人的会计账簿、会计凭证、报关单证以及其他有关资料（以下统称账簿、单证等有关资料）时，被稽查人的法定代表人或者主要负责人或者其指定的代表（以下统称被稽查人代表）应当到场，按照海关要求如实提供并协助海关工作。

对被稽查人的账簿、单证等有关资料进行复制的,被稽查人代表应当在确认复制资料与原件无误后,在复制资料上注明出处、页数、复制时间以及"本件与原件一致,核对无误",并签章。

被稽查人以外文记录账簿、单证等有关资料的,应当提供符合海关要求的中文译本。

第十二条 被稽查人利用计算机、网络通信等现代信息技术手段进行经营管理的,应当向海关提供账簿、单证等有关资料的电子数据,并根据海关要求开放相关系统、提供使用说明及其他有关资料。对被稽查人的电子数据进行复制的,应当注明制作方法、制作时间、制作人、数据内容以及原始载体存放处等,并由制作人和被稽查人代表签章。

第十三条 被稽查人所在场所不具备查阅、复制工作条件的,经被稽查人同意,海关可以在其他场所查阅、复制。

海关需要在其他场所查阅、复制的,应当填写《海关稽查调审单》,经双方清点、核对后,由海关稽查人员签名和被稽查人代表在《海关稽查调审单》上签章。

第十四条 海关稽查人员进入被稽查人的生产经营场所、货物存放场所,检查与进出口活动有关的生产经营情况和货物时,被稽查人代表应当到场,按照海关的要求开启场所、搬移货物,开启、重封货物的包装等。

检查结果应当由海关稽查人员填写《检查记录》,由海关稽查人员签名和被稽查人代表在《检查记录》上签章。

第十五条 海关稽查人员询问被稽查人的法定代表人、主要负责人和其他有关人员时,应当制作《询问笔录》,并由询问人、记录人和被询问人签名确认。

第十六条 海关实施稽查时,可以向与被稽查人有财务往来或者其他商务往来的企业、单位收集与进出口活动有关的资料和证明材料，有关企业、单位应当配合海关工作。

第十七条　经直属海关关长或者其授权的隶属海关关长批准，海关可以凭《协助查询通知书》向商业银行或者其他金融机构查询被稽查人的存款账户。

第十八条　海关实施稽查时，发现被稽查人有可能转移、隐匿、篡改、毁弃账簿、单证等有关资料的，经直属海关关长或者其授权的隶属海关关长批准，可以查封、扣押其账簿、单证等有关资料及相关电子数据存储介质。

海关实施稽查时，发现被稽查人的进出口货物有违反海关法或者其他有关法律、行政法规嫌疑的，经直属海关关长或者其授权的隶属海关关长批准，可以查封、扣押有关进出口货物。

海关实施查封、扣押应当依据《中华人民共和国行政强制法》以及其他有关法律、行政法规。

第十九条　被稽查人有《稽查条例》第三十条、第三十一条所列行为之一的，海关应当制发《海关限期改正通知书》，告知被稽查人改正的内容和期限，并对改正情况进行检查。

被稽查人逾期不改正的，海关可以依据海关相关规定调整其信用等级。

第二十条　稽查组发现被稽查人涉嫌违法或者少征、漏征税款的，应当书面征求被稽查人意见，被稽查人应当自收到相关材料之日起7日内提出书面意见送交稽查组。

第二十一条　稽查组实施稽查后，应当向海关报送稽查报告。海关应当在收到稽查报告之日起30日内作出《海关稽查结论》，并送达被稽查人。

第二十二条　有下列情形之一的，经直属海关关长或者其授权的隶属海关关长批准，海关可以终结稽查：

（一）被稽查人下落不明的；

（二）被稽查人终止，无权利义务承受人的。

第二十三条 海关发现被稽查人未按照规定设置或者编制账簿，或者转移、隐匿、篡改、毁弃账簿的，应当将有关情况通报被稽查人所在地的县级以上人民政府财政部门。

第二十四条 海关实施稽查时，可以委托会计师事务所、税务师事务所或者其他具备会计、税务等相关资质和能力的专业机构，就相关问题作出专业结论，经海关认可后可以作为稽查认定事实的证据材料。被稽查人委托专业机构作出的专业结论，可以作为海关稽查的参考依据。

海关委托专业机构的，双方应当签订委托协议，明确委托事项和权利义务等。

专业机构有弄虚作假、隐瞒事实、违反保密约定等情形的，海关应当如实记录，作出相应处置，并可以通报有关主管部门或者行业协会。

第四章　主动披露

第二十五条 进出口企业、单位主动向海关书面报告其违反海关监管规定的行为并接受海关处理的，海关可以认定有关企业、单位主动披露。但有下列情形之一的除外：

（一）报告前海关已经掌握违法线索的；

（二）报告前海关已经通知被稽查人实施稽查的；

（三）报告内容严重失实或者隐瞒其他违法行为的。

第二十六条 进出口企业、单位主动披露应当向海关提交账簿、单证等有关证明材料，并对所提交材料的真实性、准确性、完整性负责。

海关应当核实主动披露的进出口企业、单位的报告，可以要求其补充有关材料。

第二十七条 对主动披露的进出口企业、单位，违反海关监管规定的，海关应当从轻或者减轻行政处罚；违法行为轻微并及时纠正，没有造成危害后果的，不予行政处罚。

对主动披露并补缴税款的进出口企业、单位，海关可以减免滞纳金。

第五章 附 则

第二十八条 本办法所规定的"日"均为自然日。文书送达或者期间开始当日，不计算在期间内。期间届满的最后一日遇休息日或者法定节假日的，应当顺延至休息日或者法定节假日之后的第一个工作日。

第二十九条 被稽查人拒绝签收稽查文书的，海关可以邀请见证人到场，说明情况，注明事由和日期，由见证人和至少两名海关稽查人员签名，把稽查文书留在被稽查人的生产经营场所。海关也可以把稽查文书留在被稽查人的生产经营场所，并采用拍照、录像等方式记录全过程，即视为被稽查人已经签收。

第三十条 被稽查人代表对相关证据材料不签章的，海关稽查人员应当在相关材料上予以注明，并由至少两名海关稽查人员签名。

海关实施查阅、复制、检查时，被稽查人代表不到场的，海关应当注明事由和日期，并由至少两名海关稽查人员签名。

第三十一条 本办法所规定的签章，是指被稽查人代表签名或者加盖被稽查人印章。

第三十二条 本办法所规定使用的稽查文书由海关总署另行公布。

第三十三条 本办法由海关总署负责解释。

第三十四条 本办法自2016年11月1日起实施。2000年1月11日海关总署令第79号公布的《〈中华人民共和国海关稽查条例〉实施办法》同时废止。

关于处理主动披露违规行为有关事项的公告

（海关总署公告 2023 年第 127 号）

为进一步优化营商环境，促进外贸高质量发展，根据《中华人民共和国海关法》《中华人民共和国行政处罚法》《中华人民共和国海关稽查条例》等有关法律法规规章的规定，现就处理进出口企业、单位在海关发现前主动披露违反海关规定的行为且及时改正的有关事项公告如下：

一、进出口企业、单位主动披露违反海关规定的行为，有下列情形之一的，不予行政处罚：

（一）自涉税违规行为发生之日起六个月以内向海关主动披露的。

（二）自涉税违规行为发生之日起超过六个月但在两年以内向海关主动披露，漏缴、少缴税款占应缴纳税款比例30%以下的，或者漏缴、少缴税款在人民币100万元以下的。

（三）影响国家出口退税管理的：

1. 自违规行为发生之日起六个月以内向海关主动披露的；

2. 自违规行为发生之日起超过六个月但在两年以内向海关主动披露，影响国家出口退税管理且可能多退税款占应退税款的30%以下，或者可能多退税款在人民币100万元以下的。

（四）加工贸易企业因工艺改进、使用非保税料件比例申报不准确等原因导致实际单耗低于已申报单耗，且因此产生的剩余料件、半制成品、制成品尚未处置的，或者已通过加工贸易方式复出口的。

（五）适用《中华人民共和国海关行政处罚实施条例》第十五条

第（一）项规定，及时改正没有造成危害后果的：

1.违法违规行为发生当月最后一日24点前，向海关主动披露且影响统计人民币总值1000万元以下的；

2.违法违规行为发生当月最后一日24点后3个自然月内，向海关主动披露且影响统计人民币总值500万元以下的。

（六）适用《中华人民共和国海关行政处罚实施条例》第十五条第（二）项规定处理的。

（七）适用《中华人民共和国海关行政处罚实施条例》第十八条规定处理，未影响国家有关进出境的禁止性管理、出口退税管理、税款征收和许可证件管理的违反海关规定行为的。

（八）进出口企业、单位违反海关检验检疫业务规定的行为，且能够及时办理海关手续，未造成危害后果的（见附件1）。但涉及检疫类事项，以及检验类涉及安全、环保、卫生类事项的除外。

二、进出口企业、单位主动向海关书面报告其涉税违规行为并及时改正，经海关认定为主动披露的，进出口企业、单位可依法向海关申请减免税款滞纳金。符合规定的，海关予以减免。

三、进出口企业、单位主动披露且被海关处以警告或者100万元以下罚款的行为，不列入海关认定企业信用状况的记录。高级认证企业主动披露违反海关规定行为的，海关立案调查期间不暂停对该企业适用相应管理措施。但检验类涉及安全、环保、卫生类事项的除外。

四、进出口企业、单位对同一违反海关规定行为（指性质相同且违反同一法律条文同一款项规定的行为）一年内（连续12个月）第二次及以上向海关主动披露的，不予适用本公告有关规定。

涉及权利人对被授权人基于同一货物进行的一次或多次权利许可，进出口企业、单位再次向海关主动披露的，不予适用本公告有关规定。

五、进出口企业、单位向海关主动披露的，需填制《主动披露报告表》（见附件2），并随附账簿、单证等材料，向报关地、实际进出口地或注册地海关报告。

本公告有效期自2023年10月11日起至2025年10月10日。海关总署公告2022年第54号同时废止。

特此公告。

附件[1]：
1.检验检疫业务适用主动披露的情形及条件
2.主动披露报告表

海关总署

2023年10月8日

---

1 本附件略。